日本人にリベラリズムは必要ない。

「リベラル」という破壊思想

田中英道

KKベストセラーズ

まえがき ――「リベラル」は考え方自体が間違っている

現代の「リベラル」およびその主張である「リベラリズム」は、一刻も早く根絶《ねだ》やしにされるべきだと私は考えています。その理由を、わかりやすく解説することに務めた結果が本書です。特に日本において、リベラルおよびリベラリズムは、その存在そのものがまずありえないということも理論的に解説しました。

批判ばかりで無責任、善人ぶるなど、リベラルのやり方・考え方にうんざりしている人は今、日本に限らず世界にもたいへん多い。アメリカのトランプ現象はその好例と言えるでしょう。

しかし、それでもなお、「リベラルの言うことにも一理ある」「リベラルも確かにいいことは言っている」などと考える心優しい人も多いようです。

また、「自由を前提としているのだからリベラル自体は間違っていない」とつい私たちは考えがちですが、それは違います。

怠慢さや傲慢さが問題ならばそこを直せばいいだけの話ですが、リベラルは考え方自体が間違っているのです。

＊

〈第一章「リベラリズム」は駄目な思想である〉をお読みいただき、明日からは自信をもってリベラルを無視していただきたいと思います。

〈第二章　それでも日本に「リベラル」が生き残る理由〉では、リベラル勢力がなぜ日本国憲法、特に九条の改正を頑なに拒否するのかについて解説しました。「九条で謳《うた》っている平和ということを、体制への対抗イデオロギー、または体制へのいいがかりの種にしている」というようなことではありません。九条はリベラルにとって実利があります。いくら批判され、場合によっては軽蔑されようとも、リベラルが日本から消えてなくならずに堂々と恥をさらしていられる理由は、実にこの条文にあるのです。

また、「リベラルには国家観がない」「リベラルは国を守ろうとしない亡国の勢力だ」とよく言われます。しかし、この批判の裏には「愛国的リベラルなら認めることもできる」「外国のリベラルには愛国心がある」という留保が隠されています。この考え方も間違っています。リベラリズムはその理論の根幹に〝国家の破壊〟があります。

なぜリベラリズムが思想のおおもとに「国家破壊」を持つ必要があるのか――、その理由も、第一章と第二章を読めばおわかりいただけるでしょう。

〈**第三章　美術、小説、映画、音楽……なぜ今の芸術は「反体制」「反権力」をありがたがるのか**〉では、リベラルおよびリベラリズムが、戦後の芸術やカルチャーと呼ばれるもの全般（音楽を含むエンターテインメント）の前提となってしまった、経緯、背景、深層について解説しています。

いわゆる進歩的知識人・文化人、またクリエイターと呼ばれる人々が、今でもリベラリズムに簡単に釣られてしまう、その浅はかさは、日本文化にとって深刻な〝危機〟を呼んでいると思います。

リベラルおよびリベラリズムに対して、譲歩する余地はまったくありません。リベラルとリベラリズムは、あたかも、いわゆる人間らしくあることに敏感で、普遍的で理想的な人間の幸福を追求する人々および思想のように見えますが、それらとはまったく関係がありません。

リベラルの言う〝理想的な人間の幸福〟など実現不可能だからリベラルは駄目だ、というのではありません。それを理由に駄目だということは、リベラルの言う「理想」についてはOKだと言っているのと同じです。こういったことに気づかないところを見ても、私たちは今、完全にリベラルおよびリベラリズムに呪縛《じゅばく》されています。〈**第四章 「リベラリズム」の呪縛から解かれるために**〉では、リベラルとリベラリズムを排除することがなぜ日本にとって良いのか、国際情勢の安定に良いのか、人間にとって良いのかについて述べました。

これらのことを知ることが、リベラルとリベラリズムに対してわずかながらでも持ち続けているある種の〝期待〟といったもの、〝譲歩〟といったものを拭い去る、いちばん良い方法です。

リベラルとリベラリズムの問題は、「思想は思想としてそれぞれ認め合うべきだ」という考え方の範疇《はんちゅう》ではなく、〝病〟に対するに近い重篤《じゅうとく》な問題です。リベラルとリベラリズムは、その思想そのもの、考え方そのものが駄目なのです。

本書でその理由を、思想、哲学、宗教、歴史、芸術等の視点から明らかにしていきたいと思います。

田中英道

日本人にリベラリズムは必要ない。
「リベラル」という破壊思想

◎目次

Ⅲ　マルクス主義の歪んだ歴史観

Ⅳ　標的にされた「文化」と「伝統」

第二章　それでも日本に「リベラル」が生き残る理由

第三章 美術、小説、映画、音楽……なぜ今の芸術は「反体制」「反権力」をありがたがるのか

Ⅰ 衰退し続ける芸術

第四章 「リベラリズム」の呪縛から解かれるために

I 「自由」について

※本書の引用部分につきまして、原文の記述を損なわない範囲で一部要約した箇所があります。
※敬称につきまして、一部省略いたしました。役職は当時のものです。

序章「アンチ・リベラル」に舵を切った国際社会

「リベラル」――、まず用語を整理する

基本的に「リベラル」という言葉は「自由（自由人）」を意味していて、たいへん良い意味のように聞こえます。しかし、リベラルの由来をたどっていくと、かなり古くて長い思想の歴史があり、（後に詳しく触れますが）時代によってその中身に変遷があるのです。

今のリベラルは、物事を常に批判的に見るところに大きな特徴があります。現在自分が所属している組織や共同体は批判されて当然だと考え、そこからの自由を目指す人々のことをリベラルと呼んで間違いないでしょう。自由という言葉が何を意味しているかについても、次章以降で詳しく触れます。

リベラルにはかつて、「左翼リベラル」と呼ばれていた時代があります。左翼リベラルという呼び名はきわめて的確でした。19世紀の思想家カール・マルクス（1818～83年）が打ち立てた〝革命思想〟にもとづいて、プロレタリアート（労働者階級）蜂起による共産主義革命を目指す政治運動と密接に結びついていたからです。

ところが、「マルクス・レーニン主義」を掲げて1922年に建国されたソ連（ソ

ビエト社会主義共和国連邦）が1991年12月に崩壊します。「プロレタリアート蜂起による共産主義革命国家の存続は不可能である」ということが、具体的に証明された瞬間でした。

左翼リベラルの「左翼」の部分が根拠を失い、解体したのです。今も相変わらずプロレタリアート革命にこだわる団体、メディアは存在してはいますが、彼らは当然この失敗を認識していて、旧来の革命思想に自信を失っています。自分たちが左翼と呼ばれることを今のリベラルが嫌がる理由のひとつです。

左翼と呼ばれることをリベラルは嫌がりますが、ここには大きな欺瞞《ぎまん》があります。なぜなら、リベラルのグランド・セオリー（すべての領域に適用される考え方・理論）は、相変わらずマルクス主義思想だからです。

「資本主義が成熟すると必ず矛盾が生まれ、社会主義を経て共産主義の理想に至る」という考え方は何も変わっておらず、そこに至るための方法はやはり〝革命〟です。革命とは、「既存の体制、社会を破壊する」ことを言います。だからリベラルにとっては、革命の中の、プロレタリアート革命というひとつの方法が不可能となっただけの話です。

一方で、自分はマルクス主義者ではないと思っているために、左翼と呼ばれることを嫌がるリベラルも存在します。

しかしそれは、勉強不足などいろいろな理由から自分自身が気づいていないというだけのことに過ぎません。端的に言えば、無知な人たちです。

リベラルは「隠れマルクス主義」だ

プロレタリアート革命は不可能であるという事実から、「左翼」という言葉のとれた、または左翼という言葉を意識的にはずしたリベラルは、自らの思想からマルクス主義という立場を隠し始めました。なぜならマルクス主義は、不可能が証明されたプロレタリアート革命を理論に含んでいるために矛盾を起こすからです。

また、「自分自身はマルクス主義者ではない」と思っているリベラルはそれを知らずに、あたかも中立であるかのように振る舞っている〝リベラル〟という言葉にごまかされて自称しているだけのことに過ぎません。

ずばり、リベラルは「隠れマルクス主義者」です。「偽装された左翼」と言ってもいいでしょう。

ソ連崩壊で明らかになったように、事実上不可能となったプロレタリアート革命に代替する革命の方法をリベラルは模索しました。その模索の結果として何が出てきたかといえば、たとえば「フェミニズム（男女同権論、女権拡張論）」がそうですし、「ジェンダー・フリー（社会的性別からの解放）」がそうですし、「カルチュラル・スタディーズ（多種多様な文化的行動を主に権力との関係から研究する学問および政治的批判・運動）」や「多文化主義（異なる文化を持つ集団は対等な立場で扱われなければならないとする思想および政策）」などがそうです。

リベラルは、マルクスの言う資本主義に生じる矛盾の結果を、すでに否定されたプロレタリアートの「必然的貧困」ではなく、「人間疎外」に変換していったのです。この「疎外」もまた、マルクスの哲学用語として、１９７０年代、進歩的知識人と呼ばれた人々の間でずいぶん流行《はや》った言葉です。

「出世ができない」「やりたいことができない」という個人的な不満から「国が支援してくれない」「福祉が十分ではない」という国家に対する不満まで、普通の社会に生きていれば皆、そういう疎外感を持つのはあたりまえです。リベラルはそれを利用します。

「今は疎外されているけれど未来は良くなる」「将来、人々が完全に満たされる社会になる」という幻想を人々に与え、現在の共同体や社会、国家のありかたを批判し、否定します。

ここでひとつ注意しておきたいのは、「批判」という言葉です。私たちは「批判されるのは、批判される側に問題があるからだ」と考えがちです。しかし、リベラルにとって重要なのは、その問題ではなく、批判する行為そのものなのです。リベラルには「批判理論」という、批判すること自体が意味と意義を持つ理論がちゃんとあります。

批判理論についても次章以降で詳しく触れますが、「批判ばかりで対案が何もないではないか」「批判するがための批判ではないか」といった苦言がリベラルにはまったく届かない理由はまさにここにあるのです。

〝革命〟のターゲットを「経済」から「文化」へシフト

リベラルとはつまり、プロレタリアート革命に限っては方法としてあきらめたに過ぎない「革命家」のことを言います。依然、その理想は「共産主義」であり、その前段階としての、資本主義下での「社会主義」を、今より良い社会体制だと考えます。

マルクス主義は、「共産主義は資本主義の矛盾から起こる必然的な経済体制の破壊行動、つまり革命で実現する」と考えます。しかし、ソ連崩壊という事実はもちろん、資本主義が最も進んでいるといわれるイギリスにおいてさえプロレタリアート革命が起こる気配がないことでも、理論として破綻しています。そこで隠れマルクス主義者であるリベラルは、革命に至るための変革対象あるいは破壊対象としては「経済」を見放すことにしました。

リベラルは経済の代わりになる破壊対象を模索しました。そして目をつけたものこそ、「文化」でした。フェミニズム、ジェンダー・フリー、カルチュラル・スタディーズ、多文化主義などを通して、リベラルが文化のもととなる「伝統」に対して否定的な立場をとり、〝伝統の破壊〟に走るのはこれが理由です。

同時に、保守勢力がいくらマルクス主義を批判したところで、批判の矢がリベラルに届かない理由もここにあります。文字通りのマルクス主義は、すでにリベラル自らの手で無効化されているのですから当然です。

私はこのことについては、保守勢力のほうに大いに反省すべき点があると思います。たとえ文化が社会的に、政治的に重要な役割を果たすかということがわかっていたとしても、「文化とは何か」ということ自体がわかっていないからです。

日教組の教育を受けたからでしょうが、保守勢力の中にさえ「いまさら『万葉集』

でもないだろう」と考えている人がいます。そのような人には『万葉集』などを読み返して熟読し、「自分を先祖返りさせて伝統の確認をしよう」という気持ちがほとんどありません。

したがって、リベラルに文化批判を仕掛けられても、反論のすべがなく、お手上げの状態になってしまうのです。また、リベラルが文化に対する批判を意図的に集中してやってきた意味を理解できずに放置してきたために、今や修復不可能と思われるほどに、伝統と文化は破壊されてしまいました。

以前は保守系の雑誌には学者・研究者による硬い論文が掲載され、「日本の文化」がしっかり語られていましたが、それも今は少なくなってきています。「伝統と文化の復活」を強く認識するということがなくなり、いつのまにか、すべてが〝文化革命〟状態になっているのです。

2016年のドナルド・トランプのアメリカ大統領選挙当選、同年の「BREXIT《ブレグジット》」と呼ばれるイギリスのEU脱退は、実にこういったことを背景としています。

また、マスコミが盛んにゴルフ外交と報じた2017年2月の安倍晋三首相に対するトランプ大統領の厚遇も無関係ではありません。

ようやく、国際社会はリベラルに「NO」と言い始めたのです。

ドナルド・トランプはなぜ勝ったか

ここで、先の米大統領選をあらためて考察したいと思います。

まず、「トランプ勝利の背景には、ヘンリー・キッシンジャーの支持があった」と、私は考えています。

キッシンジャーは1923年にユダヤ系ドイツ人の家庭に生まれ、その後、ナチス・ドイツの反ユダヤ人政策に反対する一家とともにアメリカ合衆国に移住し、1943年に帰化しました。国際政治学者であり、リチャード・ニクソン政権（1969〜74年）の国家安全保障問題担当大統領補佐官、ジェラルド・R・フォード政権（1974〜77年）の国務長官、また、ベトナム戦争の和平交渉を理由とするノーベル平和賞受賞者として知られています。

平成28年（2016）12月27日付の読売新聞朝刊に、《「国益」他国に配慮してこそ》というタイトルで、トランプ大統領誕生についてのキッシンジャーの談話が掲載されました。キッシンジャーはその中でこう述べています。

《トランプ大統領の誕生は、とてつもない現象だ。米国史上、このような大統領が生まれたことは、いまだかつてなく、彼の勝利を真剣に受け止めなければならない》《彼は極めて高い政治的資質を示してきた。特定の団体に何のしがらみもない。傑出した大統領になるまたとない好機で、これを前向きにとらえ彼にはチャンスを与えるべきだ》

キッシンジャーがトランプを支持していたことがよくわかる記事です。2016年5月にトランプはキッシンジャーと会談していますが、同時期に共和党候補として名前が挙がっていたテッド・クルーズやポール・ライアンが撤退しています。キッシンジャーがトランプを支持したことによって、共和党の有力者が口を出せなくなり、トランプに一本化されたということで間違いないでしょう。

そして、トランプ当選を決定的にしたのはおそらく同年9月の、イスラエルのベンヤミン・ネタニヤフ首相との会談です。トランプはその席で、《大統領に選出された場合、エルサレムをイスラエルの「不可分の」首都と認めると約束した》と報道されました。

私がこれまでずっと言ってきたことですが、結局、アメリカ国内のユダヤの分裂がトランプを勝たせたのです。

米大統領選の明暗を分けた「ユダヤの分裂」

アメリカにおける「ユダヤの分裂」――。それは、「イスラエル・ユダヤ」と「グローバリゼーション・ユダヤ」との分裂です。島国のほぼ単一民族である日本人にはなかなか理解しにくいことですが、世界情勢や思想状況を考えるうえで、ユダヤ人独特の、強い「孤立意識」「被害者意識」はもっと重要視されるべきだと私は思います。

ユダヤ人は少数派であり、『旧約聖書』に記述されている迫害から始まる、西欧民族に長く圧迫された歴史を持っています。リベラル思想は一見、国家や権力に媚びない自由を主旨とする、世界に共通する普遍的な思想のように見えます。が、実は媚びないということではなく、それとは逆に、国家や権力を持てないことからくる「ユダヤ人の自己防衛のための思想」に他ならない、という側面を持っています。

アメリカのユダヤ勢力の大多数を占めるいわゆる左派ユダヤは、アメリカ民主党政権や国連に入り込みました。アメリカの言論界、経済界のリベラル化につとめ、メディアを握り、反権威主義を煽って、多文化主義からグローバリズムまで提唱しました。経済に関しては、自由主義を主張するネオコン（新保守主義）、つまり共和党内部にも入り込みました。

少数派が多数派の顔をすることができれば、アメリカは民主主義国家ですから、選挙に勝てるだけの世論を形成できます。左派ユダヤは、初の黒人系大統領バラク・オバマを誕生させましたが、問題はイスラエルでした。

巨額の資金を必要とするイスラエルに資金を調達するためには、米政権が「親イスラエル」である必要があります。オバマの対立候補、共和党のミット・ロムニーがその役割を負うはずでしたが、左派ユダヤの多数派はロムニーを冷ややかに見て、結局、オバマ政権が誕生します。ここで、アメリカの中の、イスラエル・ユダヤとグローバリゼーション・ユダヤとの分裂は決定的になりました。

第二次世界大戦後のイスラエルの運営資金は、ユダヤ勢力がウォール街を握ることによって維持されてきたと言ってよいでしょう。しかし、ユダヤ勢力によってつくられた国際金融の変動が、2008年のリーマン・ショック以降はさすがにひどすぎると、伝統的なアメリカ人に思われ始めたのです。アメリカの「脱イスラエル路線」はオバマ政権期から始まり、そのままオバマの任期終了を迎えました。

グローバリゼーション・ユダヤは、ウォール街と癒着《ゆちゃく》しているヒラリー・クリントンを支持しました。しかしトランプは、キッシンジャーが言ったように、特定の団体に何のしがらみもない候補です。

イスラエルのネタニヤフ首相との会談で、トランプは「イスラエル・ユダヤの側に立つ」ことを宣言したと言っていいでしょう。これは、キッシンジャーの世界秩序分析を参考にしたものだと私は思います。つまり、「グローバリゼーション・ユダヤがやってきたことは失敗だった——」という分析です。

大失敗だった「グローバリズム」

平成27年（2015）1月3日付の読売新聞朝刊に、《「語る戦後70年——日本の役割 熟慮の時」》という特集の第1回目として、キッシンジャーへのインタビュー記事が掲載されました。その中でキッシンジャーはこう述べています。

《アメリカはこれまで、他国の政府を自分たちが作り変えられると信じてきた。だが現在そうした時代から脱却しつつある。我々は、日本とドイツの占領の経験を誤って分析していた。アメリカが日本を作り直したのではない。日本自身が自らの伝統的な価値観の中で、新たな状況、国際秩序に適応したのだ》

《日本は、アメリカ中心のGHQ（連合国軍最高司令官総司令部）の権威を利用し、自らの力で国家の現代化を進め、復興を急いだ。こうした新たな環境への適応が、今やアジアの安定と、世界の平和と繁栄の基礎となったと言える》

キッシンジャーは、「第二次大戦後のアメリカ支配は錯覚に過ぎず、その錯覚は正されるべきだ」と言っているのです。これはつまり、「アメリカの名を借りた、グローバリゼーション・ユダヤの世界支配の錯覚は終わりを告げた」ということに他なりません。

トランプの勝利は、アメリカのユダヤ勢力が完全に方向転換したことを示しています。説得されたのか、自ら転換したのかどうかは別にしても、グローバリゼーション・ユダヤはイスラエル・ユダヤに方向転換しました。「グローバリズム」を標榜していたアメリカのユダヤ勢力が、「ナショナリズム」に舵《かじ》を切ったのです。

トランプは米国民に対しては「アメリカ一国主義」を謳い、ユダヤ勢力に対しては「イスラエル一国主義を支持する」と宣言して大統領選に勝ちました。

「トランプが当選後初めて会談した外国人首脳がなぜ日本の安倍首相だったのか」――、その理由もこの一国主義ということにあると私は思います。

安倍首相を高く評価しているトランプ大統領

平成28年（2016）11月17日、安倍首相は、当選後初めて会談する外国人首脳としてトランプを訪問しました。平成29年2月11日には、アメリカ・フロリダ州にあるトランプ所有のゴルフコースを2か所ハシゴしています。計27ホールをラウンドした内、最後の9ホールは2人のみでラウンドしたと言います。様々な点から、破格の厚遇だったと各メディアは報道しました。

トランプには、安倍首相のことが「一国主義の先駆者」に見えるのだと私は思います。だから、トランプは安倍首相に最初に会い、厚遇したのです。

私もまた、安倍首相の先駆性を評価する一人ですが、外から見ると、安倍首相はかなり以前からナショナリズムを貫いてきたように見えるのです。だからこそ、リベラル・メディアの代表であるニューヨーク・タイムズなどは一貫して安倍首相を「右翼」と表現して否定的に報じていましたし、「ナショナリスト（国粋主義者。英語圏では良い意味には使われない。いわゆる愛国者はｐａｔｒｉｏｔ《パトリオット》と表現される）」と言って批判を重ねてきました。

自身で意識しているかどうかはわかりませんが、安倍首相はその家柄からなのか伝統文化をしっかりと身につけている人だと私は思います。ただ、それをあまり論理的には語りません。その思想を論理にして発信する、またはそれができる側近がいないと言うこともできます。だから、安倍首相は政治的感覚に頼って行動のみに励んでいるように見えるのでしょう。

平成28年5月26日と27日の2日間、安倍首相は伊勢志摩で第42回先進国首脳会議（G7）を開催しました。そして、G7の首脳を伊勢神宮に案内しています。

こういう発想は、政府内の周囲の人間にはありません。安倍首相は政権成立の1年後に靖國神社に参拝していますし、8月15日のいわゆる終戦記念日には玉串料奉納を欠かさずに行っています。

日本には天皇という伝統の存在があり、総理大臣という任は天皇から認証されるものだという文化を安倍首相はよくわかっているのです。しかし、マスコミと摩擦を起こさないようにということだと思いますが、周囲はそのような安倍首相をあまり擁護しませんし、保守言論界もまた、安倍首相のプランをちゃんと理論化して支持することが少ないのです。安倍首相の行動と周囲の言論が一種の齟齬《そご》を起こしていて、日本国内では何かこう、不必要にあいまいな首相にされてしまっています。

「天照大神《あまてらすおおみかみ》を祀っている場所でG7サミットを行う」という意味を、保守勢力もよくわかっていません。マスコミはマスコミで（残念ながら外務省もそうですが）、一般報道では、伊勢神宮あるいは神宮の森が映る映像や写真を避け、英虞湾《あごわん》を背景にしたものばかりを出しました。

しかしG7の首脳は、確かに伊勢神宮に足を運んでいるのです。安倍首相は「伊勢神宮にこそ日本の本当の風景がある」ということを世界に示したわけです。そういうところをトランプはしっかり見ていたのだと思います。

ファシズムなきナショナリスト

前述したように「左翼」という言葉は、具体的にはソ連の崩壊によってすでに意味を失っています。左翼もそれを認識しているわけですが、今回のトランプの勝利は左翼にとってはまさに致命傷になると言えるでしょう。

しかし、相変わらずメディアは悪あがきを続けています。アメリカのメディアもそうですが、日本のメディアはそれにまるごと追従しています。

ある日本のリベラル系雑誌は、トランプの大統領就任を「独裁者の誕生だ」と言いました。「ファシズムの誕生」につなげたいのでしょうが、それはありえません。核で反撃されればいくら大国であってもおかしくなる――、その不安のほうが大きい時代です。ナチスのように独裁的判断をもって問題を片づけていくようなことはもはやできません。

2017年1月25日、トランプは不法移民阻止のために、メキシコとの国境に「通過不可能な具体的な障壁」を建設する大統領令に署名しました。昔ならメキシコに戦争を仕掛けてメキシコを潰し、属国にしてしまうところです。完全に奴隷化して抑えつけてしまえばよいと考えます。ファシズム政権であればそうしますが、トランプはそんなことは思ってもいないはずです。

今現在の状況は、資本主義が発達したところにいわゆる途上国の人々が集まろうとしていて、そこに問題が生じているわけです。戦争では解決できませんし、やみくもに侵略行為を仕掛けることもできません。

トランプは、ファシズムなきナショナリストであって、ナチスなどとは違います。実は、安倍首相はその先駆です。トランプをアドルフ・ヒトラー（1889〜1945年）やベニート・ムッソリーニ（1883〜1945年）と並べて語るメディアは、何ひとつわかっていないということになります。

そして、今後のトランプ政権の動向を考えるうえでは、パトリック・ブキャナンという人物の存在が重要になると私は考えています。

「反リベラル」の論客パトリック・ブキャナン

パトリック・ブキャナンは1938年、ワシントンD.C.生まれのカトリック教徒です。ニュース・キャスター、政治コメンテーター、作家として知られ、ニクソンやロナルド・レーガン、フォード大統領の「メッセンジャー」、つまり「イデオローグ（論理的アドバイザー）」として活動していた時期もあります。

ブキャナンはまた、1992年と1996年に共和党、2000年には少数政党であるアメリカ改革党（American Reform Party）から大統領選に立候補した経歴も持っています。このときのアメリカ改革党予備選には、トランプも立候補していました。トランプが大統領選中にたびたび口にした「アメリカ・ファースト」は、ブキャナンが使っていたスローガンでもあります。

ブキャナンは、2002年刊行の著作『The DEATH of the WEST』（邦題『病むアメリカ、滅びゆく西洋』宮崎哲弥監訳／成甲書房）のなかで、前述した〝隠れマルクス主義〟の代表「フランクフルト学派」を徹底的に批判しています。

フランクフルト学派は、リベラルをイデオロギーとするユダヤ系学者グループで、ドイツでナチスが台頭した時期、反ユダヤ主義政策に追われてアメリカに亡命してきました。ブキャナンはその様を著書で「上陸」と表現し、「フランクフルト学派が上陸したおかげでアメリカは悪くなった」と述べています。

実は、フェミニズムやジェンダー・フリー、カルチュラル・スタディーズや多文化主義など今日に至るリベラル勢力の運動はすべて、このフランクフルト学派から出た理論によっているのです。ブキャナンの言う「アメリカの悪化」に道連れにされるように、このフランクフルト学派の理論によって日本も悪くなった——と私は考えています。

特に１９６０年代から70年代に学生だった世代、全共闘世代や団塊の世代と言われる人々のほとんどはフランクフルト学派の洗礼を受けていると言ってよいでしょう。日本ではマルクスやレーニンなどの名に隠れて、この学派の名は傍流として考えられた節があります。

日本ではもともとの原典が読まれることは少ないので、フランクフルト学派の名が表に出ることはあまりなかったのかもしれません。しかし、共産党や今はなき社会党といった政党には属さない、ムード的な左翼思想まで含めた左翼リベラルの大部分はこの学派の影響を大きく受けました。

フランクフルト学派は、「プロレタリアート闘争」を叫ぶことなく、大学の教員および学生をはじめとするインテリ層を理論普及のターゲットとしていました。左翼政党の衰退に反比例するように、フランクフルト学派は日本の学界で根を強く張っていったのです。

「フランクフルト学派」の正体

フランクフルト学派は、マルクス主義者の哲学者ルカーチ・ジェルジ(1885〜1971年)がドイツのフランクフルト大学で1923年に設立した「マルクス研究所」から始まります。ソ連の「マルクス・エンゲルス研究所」にならってつくられたものですから、もともと、ドイツにおけるマルクス主義の牙城《がじょう》となることを目指した研究所でした。マルクス研究所はその後、マルクスの名を隠し、「ドイツ社会学研究所」に改名されます。

1930年に、哲学者、社会学者のマックス・ホルクハイマー(1895〜1973

年）がフランクフルト学派の中心的存在になります。ブキャナンは前掲の『The DEATH of the WEST』の中でこう述べています。

《ホルクハイマーもまたマルクスの分析は現状と異なることを認識し、労働者階級は革命の前衛にはならないと考えた。すでに、西欧の労働者たちは中産階級に移行しつつあった。憎むべきブルジョワとなりつつあったのである。彼はマルクス思想を文化用語に翻訳し始めた。古臭い闘争マニュアルを捨て、新しいマニュアルが加筆された。旧マルキストにとって、敵は「資本主義」、新生マルキストにとって敵は「西洋文化」。旧マルキストにとって権力掌握の方法は暴力による政権転覆である。1789年のフランス革命や1917年のペトログラードのように。新生マルキストにとって、権力掌握に暴力は不要だが、長期にわたる忍耐強い作業が必要になる。勝利の大前提は、西洋人がキリスト教精神を捨て去ること。文化教育制度を掌握すること。まずは、文化――「堅牢堅固な要塞」を支配せよ。そうすれば国家――「外堀」は労せずして崩壊する》

フランクフルト学派は、ソ連崩壊のはるか以前に、マルクスのプロレタリアート革命理論には瑕疵《かし》があることを見抜いていました。そのうえで、第二次大戦前の時点で、フランクフルト学派の目的とターゲットはここまで明確化されていたのです。現在に至る80年強の年月は、ホルクハイマーの言う、まさに「長期にわたる忍耐強い作業」の渦中にあるということになります。

ホルクハイマーと同時期に、音楽批評家のテオドール・アドルノ（1903～69年）、精神分析学者のエーリッヒ・フロム（1900～80年）、社会学者のウィルヘルム・ライヒ（1897～1957年）らが目的を同じくしてフランクフルト学派に入会しました。そして1933年、ヒトラーがベルリンを掌握します。

ホルクハイマー、アドルノ、フロム、ライヒは皆ユダヤ人です。フランクフルト学派の学者陣はアメリカに亡命し、コロンビア大学の援助で、ニューヨークに新フランクフルト学派を設立します。ブキャナンの言う「フランクフルト学派の上陸」です。

文化闘争の新兵器「批判理論」

ブキャナンは、アメリカに上陸したフランクフルト学派について、前掲書で《再び総力を結集して、今度は避難場所を与えてくれた国の文化破壊にとりかかった》と述べています。そしてブキャナンが、フランクフルト学派が編み出した数ある文化闘争新兵器の中でも特に強力なもののひとつと定義した方法が〝批判理論〟でした。

『広辞苑』の「批判理論」の項は、《現代の技術的合理性が自然支配と社会支配という二重の疎外を惹起《じゃっき》していることを批判し、独自のユートピア意識のもとに理性の復権を目指す》となっています。「現代の人間はすべて、自然からも社会からも疎外されている」という考え方で、これはもともとマルクスの哲学用語としての「疎外」からきています。

社会からの疎外をなくすということは、どういうことでしょうか。どうすれば疎外はなくなるのでしょうか。フランクフルト学派はまず、「社会をつくりあげてきた伝統的な文化を否定する」ということから始めました。

文化を否定して破壊すれば、社会は壊滅します。社会が壊滅すれば、疎外の原因はなくなります。ブキャナンは、ある研究者による定義であると断ったうえで、「批判理論」をこう説明しています。

《西洋文化の主な要素を完全否定する批評。キリスト教、資本主義、権威、家族、家父長制、階級制、道徳、伝統、性的節度、忠誠心、愛国心、国家主義、相続、自民族中心主義、因習、保守主義、何から何まですべて》（前掲書）

日本のキリスト教徒の人口比は、『宗教年鑑 平成27年度版』のデータによればわずか1％です。そこでこの際、「キリスト教の否定」という部分を除かせてもらえば、特に戦後日本の進歩的知識人と呼ばれる人々が批判してきたすべてがここに含まれています。

この「批判理論」こそは、戦後、アメリカと日本が共有することになった〃強力な思想〃だったのです。

長髪に髭……、「反戦」を叫ぶ〃ヒッピー世代〃の誕生

ブキャナンは、《批判理論の衝撃を受け、史上最高に恵まれていたはずの60年代世代の多くが、自分たちは耐えがたき地獄に生きていると確信した》（前掲書）と述べています。日本人もまた、「自分たちは疎外されている」と教えられ、そのように感じるようになりました。

長髪で髭《ひげ》をはやした若者がギターを奏《かな》で、盛んに「反戦」を叫ぶようになったのもこの頃です。1960〜70年代の「フラワー・チルドレン」と呼ばれた〃ヒッピー世代〃は、フランクフルト学派の「批判理論」が生んだのです。

学校では、《試験やテストは暴力の一種、体育の強制も苦手な者や不安な者にとっては暴力と同じ。生徒は許可もなく廊下に出てはいけないという規則も暴力なら、無

理やり授業を聞かされるのも、自習室での勉強を強制されるのも暴力》(『緑色革命』チャールズ・ライク)ということになりました。放任や登校拒否が賛美され、学級崩壊の歯止めもなくなり、その流れの中で「ゆとり教育」が生まれることになりました。

ブキャナンは、フランクフルト学派による〝キリスト教〟への非難を重視しています。「人種差別、性差別、移民排斥、外国人嫌い、同性愛嫌い、反ユダヤ、ファシズム、ナチズムなど、西洋が犯した悪行は数々あるが、それはキリスト教のもとで形成された西洋社会の特質によるものだ」とフランクフルト学派は主張するからです。

ナチズムそのものを西洋社会の特質から生じた病のようにとらえる〝方法〟は、日本の戦争を「侵略戦争」として「南京大虐殺」をつくりあげ、ナチスと同じことを日本が支那大陸や朝鮮半島で行ったととらえて日本社会の病と考える思想と重なります。

文化をターゲットとするフランクフルト学派の、日本への影響がよくわかる一例が、平成14年(2002)の『新しい歴史教科書』に対する反対運動ではなかったかと私は思います。「子供と教科書全国ネット21」などという組織が組まれ、共産党の不破哲三議長(当時)が率先して『新しい歴史教科書』批判の本を書きました。この教科書が検定に通ったことを、朝日、毎日の大手新聞、共産党機関紙・赤旗はすべて一面トップで非難しました。

つまり、すでに左派勢力にとっては、選挙などの政治運動よりも、このような「教育問題」のほうが主戦場になっていたということでしょう。この教科書の採択がゼロに近かったのは、中学生のレベルでは使いにくい教科書であったことが主な理由でした。それをメディアは「近隣諸国への侵略戦争の記述が不適当だったからだ」として、政治問題に勝利したかのような記事を書き、大喜びしていました。それほどにこの反対運動は、左派勢力にとっては主要な戦いだったのです。

20世紀におけるマルクス主義の経典『獄中ノート』

フランクフルト学派とほぼ同時期にあって、学派とほぼ同じ思想と戦略を持ち、そのためにブキャナンが徹底的に批判する人物に、イタリア共産党書記長だったアントニオ・グラムシ（1891～1937年）がいます。

1922年のムッソリーニのローマ進軍で、グラムシはロシアに亡命していました。グラムシは「ロシア革命」のなりゆきをつぶさに見て、「恐怖政治でしか体制を維持できないレーニン主義は失敗に終わる」と判断します。幻滅と体制に対する恐怖感からグラムシは帰国し、その後にイタリア共産党書記長となるわけですが、ムッソリーニによって投獄され、肺結核を理由に釈放された直後、46歳で他界します。

グラムシは獄中で膨大な『獄中ノート』を執筆しました。それはフランクフルト学派が盛んに引用する、20世紀におけるマルクス主義の経典のひとつになっています。

ブキャナンはグラムシの思想的役割を重視して、次のように述べています。

《グラムシは労働者階級が幻想だと知ると、革命の新兵として、「歴史的に反主流とされる層、経済的に虐げられた人々だけでなく、男性に対する女性、多数民族に対する少数民族、犯罪者まで」すべてが含まれると考えた。犯罪者が悪いのではなく、犯罪を起こさせた社会が悪いのだ、と。加害者は逆に保護されるべきだ、真の加害者は安穏と暮らしてきた保守的な階級なのだ、と言わんばかりだ。「新世代の若者はみな疎外感にもがき苦しんでいるからこそ」犯罪に走るのだ。「黒人や貧困、世の中の敗者」脱落者こそが英雄なのだ、と――》（前掲書）

グラムシは「まず、市民社会の文化を下から変える必要がある」と考えました。そうすれば、熟した果実のごとく権力は自然と手中に落ちてくる――。そのために、「芸術、映画、演劇、教育、新聞、雑誌、さらに当時の新メディアであったラジオなどを一つひとつ丁寧に攻め落としていき、革命に組み込んでいく」ことを主張したのです。

「人々は徐々に革命を理解し、歓迎さえするようになる」とグラムシは考えました。

ブキャナンはグラムシについて、次のように結論づけています。

《グラムシの理論は正しかった。70年にわたり世界を振動させた社会主義革命はついに崩壊した。結局、レーニン・スターリン主義は、本来の目的（絶対的権力掌握）をごまかすためにマルクス思想を政治的に利用するという当初の考えから抜け出すことができなかった。レーニン方式は疎《うと》んじられ、誰にも嘆かれることなく死を迎えた。が、グラムシの革命は脈々と受け継がれ、今なお多くの賛同者を獲得し続けている》（前掲書）

これが今日まで続いている、「伝統と文化を破壊する」というリベラルの根底にある思想なのです。

「ポリティカル・コレクトネス」に苦しむアメリカ社会

ブキャナンは、《グラムシの革命は脈々と受け継がれ、今なお多くの賛同者を獲得し続けている》と言っています。その顕著な例のひとつが、今回の米大統領選でも話題になった（特にトランプの、暴言と揶揄《やゆ》され続けた発言について盛んにとりざたされることになった）、「ポリティカル・コレクトネス」の問題でしょう。

ポリティカル・コレクトネス（ｐｏｌｉｔｉｃａｌ ｃｏｒｒｅｃｔｎｅｓｓ）とは、「政治的に正しい、正義である」という意味ですが、具体的には「あらゆる場面で、人種・性別・文化・民族・年齢・宗教・政治指向・性癖などの違いによる偏見、差別を含まない言葉や用語や表現を用いなければならない」とする考え方とその実行で、「ＰＣ」と略される場合もあります。

クリスマス時期のあいさつは「メリー・クリスマス（Ｍｅｒｒｙ Ｃｈｒｉｓｔｍａｓ）」ではなく、「ハッピー・ホリデイズ」（Ｈａｐｐｙ ｈｏｌｉｄａｙｓ）とするべきだ——、という姿勢はその典型です。宗教差別の可能性を、宗教の違いを生じさせないことで排除しようとするポリティカル・コレクトネスの一例です。

これは、リベラルが模索した結果として出てきた、事実上不可能となったプロレタリアート革命に代替する革命の方法論のひとつ「多文化主義」によっています。多文化主義は、決して「各国、各民族、各地域の文化を尊重する」という思想ではありません。

多文化主義は、「それぞれ異なる文化がほんの少しでも傷つけ合う可能性を排除するため」という名目のもとで「すべての文化は均一化されるべきだ」とする考え方なのです。〝文化の破壊〟を目的としていることは明らかでしょう。

ソ連崩壊後、アメリカでは多くの人が「これで左翼は抑えられ、保守派が勝利する」と考えました。しかし、保守派が政治・軍事面で左翼に勝利したと思っているあいだに、すでに保守派は〝文化の面での縄張り〟を失っていたのです。「保守派はもっと文化闘争に関心を持つべきだ」とブキャナンは主張していましたが、保守派は無視してきました。

フランクフルト学派もグラムシも、社会主義運動において最も効果があるのは「文化の攻略」だと明言してきました。それを知っているにもかかわらず保守派は、「金儲けと政治戦略だけに明け暮れている」――とブキャナンは非難しています。

これは、日本もまったく同じ状況だと言えるでしょう。自民党議員の大部分を見れば明らかです。保守派にはもはや政治と経済の話題しかなく、いつのまにか文化的な教養も感受性も失っているのです。

そんな中、リベラルの革命方法論に、わずかにでも風穴を開けたのがトランプでした。偽善に満ちたポリティカル・コレクトネスだらけで息苦しく、うんざりしていた人々が、ポリティカル・コレクトネスを無視するかのような大胆なトランプの発言に、陰で大喝采を送ったのです。

マスコミがフェイク・ニュースも含めて、いかに「反トランプ報道」を量産し続けようとも、そんなことにはもはや影響されることなく、アメリカのおおかたの世論は「アンチ・リベラル」になっています。今後、トランプ大統領がブキャナンを政権に組み入れるかどうか不明ですが、もし採用することがあれば、リベラルとの文化闘争の開始を告げる、歴史的な政権となることは間違いないでしょう。

揺らぎ始めた「EU」の大前提

「EU（欧州連合）」は、国を超えた、ヨーロッパというひとつの抽象的な連合を具体的な政策をもってつくりあげようという動きです。単一通貨「ユーロ」の導入をはじめとする経済的な連合体だけではなく、〝精神的な共同体〟をも人工的につくりあげようとしています。たとえば、EUの政策決定機関である欧州連合理事会は、人権と差別ということについて、次のように宣言しています。

《EUは、宗教および信仰の自由を推進し、人種や民族、年齢、性別、または性的指向を理由にした差別に対抗し、子どもやマイノリティ、先住民、難民、移民、障害者の権利を主張することで、あらゆる種類の差別と闘っていく。EUは引き続き、差別的な法律、性別に基づく暴力や疎外に反対することで、あらゆる文脈における女性の

権利とエンパワーメント（権限付与）のための運動を展開する》

ところが2016年6月、イギリスが国民投票で「EUから離脱すべきだ」という総意を決めました（BREXIT）。残留支持約48％、離脱支持約52％という結果でした。

イギリスが抜けるということは、EUからヨーロッパのいちばんいい部分、根幹的な部分が抜けるということに他なりません。EU崩壊の危機を呼ぶ、きわめて重要な出来事です。

イギリス国民が問題にしたのは、EUに加盟しているために受け入れなければならない「移民」の規模でした。各国には各国それぞれの「思想」と「国体」というものがあります。それが入り混じると、元からそこに住んでいる人たちの〝精神的な自立性〟というものが何かしら失われ、そのおかげで、何か気持ちの落ち着かない感じになるというのは当然のことです。

しかし、EUのような広域な共同体を形成しようとすれば、移民はつきものです。EUには、前述した欧州連合理事会の宣言に見られるように、公的にも、移民政策は大前提として存在します。

EUでは、共同体を形成する以上は「他の民族が入ってきても、それほど先住民の精神状態が侵されることはない」と考えられています。

ヨーロッパは、EUの前身「EC（欧州諸共同体）」として1960年代後半からの共同体経験があり、「グローバリゼーションの蓄積があるので、他の文明の人々をとり入れても、それほど強い衝撃はないだろう」という前提でやってきたのです。

グローバリゼーションの欺瞞

しかし、忘れてはいけないのは「EUはキリスト教共同体である」ということです。東欧も昔は社会主義で、その主義の下では宗教は否定されたわけですが、1989年の「東欧革命」を経て、キリスト教国家に戻りました。キリスト教共同体であるところに、イスラム教徒の移民が大規模に入ってくることになったのです。

国の主要産業の中枢に入り込むことのない、知的生産性については低い労働者移民であればまだいいのかもしれませんが、その規模が人口の10%を超えるようなことになってくると新たな問題が生じます。もともとあった共同体に溶け込むということではなく、異質な共同体が新たに生じることになるからです。

イギリスの場合、それが非常に重荷になってきたわけです。2015年に国際連合が報告した移民動向に関する文書「Trends in International

Ｍｉｇｒａｔｉｏｎ Ｓｔｏｃｋ」によれば、イギリスの移民人口比率（外国生まれの人口比率）は11・3％です。イスラム教徒の移民人口比率は２０１０年の時点で４・６％（アメリカのシンクタンク・ピュー研究所の調査結果）ですから、現在はもう少し増えているでしょう。

ＢＲＥＸＩＴは、「アイデンティティの揺らぎ」の問題です。ひとつの民族、ひとつの国家というのは、アイデンティティがないと気持ちが悪いのです。その国に住む人間は、「自分の居場所をどこに置いたら、何に依拠したらいいのかわからない」ということからくる不安でいっぱいになります。

若い人たちが移民問題についてしばしば楽観的なのは、簡単に言えば「アイデンティティを必要とするほど生きていない」からです。たとえば、外国に旅行するということになれば、どこへでもいけそうな錯覚を持ち、どの国でも生活できそうな錯覚を持つ――。しかしそれは、若者特有の感覚です。

「人は10歳まで育ったところ、そこで受けた印象が個々のアイデンティティになる」と私は考えています。「母の乳を飲み育ち、家族とともに暮らし、無心に学校に行き、住む土地の景色を見て、言語を形成していく」――、それがアイデンティティが形成されていくということです。

「確固とした居場所は必要ない」とするグローバリゼーションが進み、アイデンティティが揺らぎ始めると、人は精神的におかしくなります。移民の規模が大きくなり、実際にそうなってみて初めてイギリスの人々は気がついたのでしょう。

ＢＲＥＸＩＴは、「グローバリゼーション化が人間を幸福にするというのは嘘である」ということをヨーロッパ、少なくともイギリスがはっきり感じ始めた証拠です。確実に、国際社会は「アンチ・リベラル」に舵を切ったのです。

第一章 「リベラリズム」は駄目な思想である

I　フランクフルト学派の「批判理論」

「批判理論」の目的は、人々に〝疎外感〟を与えること

「民進党や社民党、共産党をはじめとする左派野党の国会質疑は、批判ばかりに終始して時間の無駄だ」とはよく聞かれる苦言です。「批判するがための批判」は、もはや慣用句のようにもなっています。

しかし、「批判ばかりだ」というクレームは、彼らにとって、実はクレームでも何でもない——ということを私たちはそろそろちゃんと理解すべきです。彼らは、対案を出す必要性も感じていませんし、批判に終始することを「時間の無駄だ」とも思っていません。

なぜなら、彼らの思想においては「批判に終始することこそが正しい方法である」と、しっかりと理論で正当化されているからです。その理論は、「批判理論（ｃｒｉｔｉｃ al theory)」と呼ばれています。前章でも触れた、フランクフルト学派によって確立された批評方法です。

「批判理論」には目的があります。それは、「社会に対して批判と攻撃を重ねていくことで、人々に〝生きていることへの厭世観《えんせいかん》〟と〝疎外感〟を与える」ことです。

日本人が戦後、経済において高度成長を遂げたあと、その豊かさと自由を享受しながらも、《疎外感、絶望感のようなものを覚え、社会や国家は差別的で邪悪で忠誠を誓うに値しないと思い始めた》(『The DEATH of the WEST』パトリック・ブキャナン)のも、「批判理論」で理論化されている通りの帰結です。そして、フランクフルト学派は、「批判理論」を行使することによって生じるこの〝疎外感〟こそ、将来、「革命」を起こすための必須条件だと考えていました。

そして、このフランクフルト学派の根幹理論「批判理論」が構築されるにあたり、指導的な立場に立っていたのがテオドール・アドルノです。

「アウシュビッツのあとで詩を書くのは野蛮である」(アドルノの言葉)

アドルノは、1903年生まれのユダヤ系ドイツ人です。フランクフルト学派の哲学者、社会学者で、同時に音楽評論家、作曲家としても知られています。アドルノの思想をよく象徴する言葉が次の一節でしょう。

《アウシュビッツのあとで詩を書くのは野蛮である》

これは、1949年にアドルノが書いたエッセイ「文化批判と社会」の中に出てくる一節です。前後の文章は次のようになっています。

《文化批判は、文化と野蛮の弁証法の再終段階に直面している。アウシュビッツのあとで詩を書くことは野蛮である。しかもこのことが、なぜ今日では詩を書くことが不可能になってしまったのかを教える認識をさえ蝕《むしば》んでいるのだ。精神の進歩もおのれの一要素として前提するような絶対的な物象化が、今やこの精神を完全に呑みこもうとしている》

考えなければいけないのは、アドルノが「詩を書くことは〝野蛮〟だ」と言った真意についてです。文章そのものは、「野蛮」によって文化が破壊される時代になったという認識さえなくなった同時代人を非難するかたちになっています。

しかし、注意しなければならないのは、このアドルノの文章は、アウシュビッツという「ナチズムのユダヤ人に対する蛮行への非難」が中心であるにもかかわらず、そのことを「詩を書くことを否定する」ということに結びつけている点です。元来、「アウシュビッツ」と「詩」は、まったく別の話です。

ユダヤ人虐殺という「野蛮」を告発する詩を歌うことは、当然、詩人の権利であるはずです。それは決して「野蛮」とは言えないはずです。実は、ここには〝自由〟の問題が隠されているのです。

リベラルの得意技は〝言葉狩り〟

アドルノの先の文章の内容は、極端に言えば「言論統制」です。マルクス主義の「全体主義志向」のプロパガンダが隠されていると言ってもいいでしょう。アドルノは、「野蛮」であるところの詩が、あたかも文化全体を指すかのように思わせるレトリックを張り、文化そのものの否定を行っているのです。

アドルノのこの一節は、フランスで「五月革命」が起きた1968年頃に広く知られるようになりました。少なくない数の人々がこれを支持しました。

しかし、この一節を支持するということは、同時に、詩を書くという行為を内に持つ、支持した側の中産階級の文化を圧殺するということを意味します。アドルノは、この一節とそれが支持されることで、いわゆる「ナチズム」「ファシズム」を〝絶対悪〟

としながら、それを生んだ「中産階級を〝悪〟に仕立て上げる」ということに成功しているのです。

ブキャナンは、アドルノについてこう述べています。

《ファシズムの営巣《えいそう》を家父長制家族に見出したアドルノは、今度はその生息環境——伝統文化——をこう分析した。「ファシズムへの感染は中産階級に典型的な現象で、その〝文化に内在する〟と言える。よってそのような文化にすっかり順応した中産階級こそ、最も偏見に満ちた層と考えられる」——》（前掲書）

注目したいのは、「家父長制家族」という言葉です。アドルノは、精神分析学の創始者ジークムント・フロイト（1856〜1939年）を重要視し、特にフロイトが提唱した「エディプスコンプレックス」に注目しました。

エディプスコンプレックスは、『ブリタニカ国際大百科事典』では《男子が母親に性愛感情をいだき、父親に嫉妬する無意識の葛藤感情》と解説されています。そして、このエディプスコンプレックスという考え方こそが、「批判理論」を理論正当化している根幹の原理です。

「生まれながらにして不幸」というフロイトの人間観

フロイトは1856年、オーストリア生まれのユダヤ人です。しばしば20世紀の思想に最も影響を与えた人物のひとりと評される心理学者、精神分析学者、精神科医です。

フロイトは、常に「人間は幼児期からすでに不幸である」という言い方をします。子供には必ず両親というものが存在しますが、同時に必ず母親から生まれます。

フロイトが考えたのは、「母親から生まれ、母親に育てられることそのものが人間の不幸を生む」という理論です。当然、すべての人間は不幸だということになります。

子供は母親の全面的な愛を受けます。子供にとって母親は、常に自分を守ってくれる存在です。母親は子供にお乳を与えます。食べるものから始まって、あらゆる環境を母親がつくってくれると子供は思います。母親ももちろんそれを知っていて、わが子を「可愛い」と思います。

ところがここに、自分の誕生に関わったもうひとりの人間がいます。それはもちろん、父親です。父親は母親を愛しています。母親も父親を愛しています。それはすなわち、「子供は母親の愛情を独占できないということを意味している」とフロイトは考えます。

「母親の愛を完全に全面的に得られることは絶対にない——、という感覚を子供は幼児期に植え付けられる。だから子供の無意識にはあらかじめ、父親に対しての恨みと反抗心が必ず刷り込まれている」とフロイトは結論しました。

これが「エディプスコンプレックス」という概念です。父である王を殺して、母である王妃の再婚相手となるギリシャ悲劇『エディプス王』がその名称の由来です。フロイト自身が命名しました。

フロイトはエディプスコンプレックスの概念をもって、「人間は誕生のそもそもから不幸であって満たされない」と主張したわけです。つまりフランクフルト学派が、革命が起こるための必須の条件とした「厭世観の種《たね》」は、この概念によってあらかじめ用意されていることになりました。

あとはこの種を育て、大きくしていけばいいだけの話です。「人間のあらゆる葛藤やリビドー（性的衝動）は、エディプスコンプレックスから生じる」とフロイトは定義していますから、人間社会のすべては不幸であると考えてよく、現時点でのすべてを批判と否定の対象として厭世観を増長させることができるわけです。

「エディプスコンプレックス」を感じさせない、日本人の智恵

ところで、日本人は子供の心に、そういったコンプレックスが生じる可能性がなきにしもあらずだということを知っていました。古来、父親は母親を独占する存在ではないということを、日本人はちゃんと子供に伝えてきたのです。

日本人は、母親と父親がセックスしているところを子供には決して見せません。キスはもちろん、イチャイチャするようなところも見せません。母親と父親は「一家は何より子供中心である」ということを少なくとも演じて見せるのです。

そういう習慣が日本には昔からあって、子供の時代に誰もが持つ「母親だけは絶対に自分を守ってくれる」という思いを壊さないよう、父親はじめ大人たちが演出してきました。日本には、そういう見事さがあると私は思います。

アメリカの女流文化人類学者ルース・ベネディクト（１８８７〜１９４８年）の有名な日本論『菊と刀』（１９４６年）でも、「日本人は子供を非常に可愛がる習慣を持っている」ということが論じられています。しかし、それは必ずしも肯定的に論じられているわけではありません。

どちらかといえば、「情操教育的によろしくない」といった見解となっています。ベネディクトは、日本に来てフィールドワークを行ったわけではありませんし、日本の家族の中で生活した経験もありません。だから、「なぜ日本人が子供を可愛がるのか」――、その実際をおそらく理解できなかったのだと思います。

日本人には、「父親は必ず自分の邪魔をする」というエディプスコンプレックスはないのです。そこが、日本人の「幸せ」の元です。第四章で詳しく触れますが、これが核心のところでは、日本人は決してリベラルにやられることのない理由のひとつでもあります。「母親は常に自分の味方だ」という確信のもとに、日本人は一生、生きていけるのです。

「父が命令し、子が従う」という西洋の家族観

ところが、西洋はそうではありません。フロイトが分析したように、西洋人の無意識には基本的に、常に自分を妨げる父親が存在しており、常に不幸です。

そういう精神構造にありますから、不幸である状態から少しでも安定を図って幸福に近づきたいと常に思っています。そのために、西洋では、父親に対しては「愛情の

関係ではなく、命令されて従う」という関係、つまり「父権制」「家父長制」と呼ばれる仕組みをとることになります。そしてフランクフルト学派は、エディプスコンプレックスの概念から導き出されるそういった父と子の関係が「国や社会でも同じように機能している」という前提を掲げます。

フランクフルト学派は、国家や共同体を「母親的な愛情で全体を包むもの」と思うのではなく、「常に自分を規制し、不幸にするもの」として考えます。エディプスコンプレックスの関係こそが、すべての他者との関係になるわけです。

すると、「常に不満足である」ということになりますから、それに対しては「恒常的に批判してよい」、あるいは「批判すべきだ」ということになります。批判するのは当然のこと——、だから、リベラルは常に批判し続けるのです。

共産主義は「未来」を信仰する広義の〝宗教〟

共産主義は、「人間の幸福を科学的に分析して設計し、実現させようとする」イデオロギーです。したがって、マルクスが掲げた共産主義には、エディプスコンプレックスの概念から導き出される「不幸を解消するための政策」があります。そのひとつが「共同の保育園、幼稚園」です。

これは、「社会が子供を教育する」という考え方です。共同の保育園、幼稚園では、「母親」ではなく、「社会」が子供を育てます。「自分を育ててくれたのは、母親ではなく社会だ」という感覚を植え付ければ、エディプスコンプレックスはなくなるのではないか――、と考えたわけです。

母親は子供を手放し、子供には母親の愛ではなく、教育者の愛、均一化された普遍的な愛を伝えます。そうすれば必然的に、「平等意識が生まれるだろう」「家族に執着しない幸福な人間が生まれるだろう」という幻想をマルクス主義は生み出しました。

ソ連は、建国当初からこれを実施しました。子供をまず生後数か月で母親から離して、すべて共同体の保育園に、続いて幼稚園に入れ、教育を行ったのです。

ソ連のこの政策は、「子供は社会が守り、社会が育てる」というある種の理想論の実行です。ところが、これが失敗しました。

ソ連が崩壊した理由のひとつにはこれがあります。すなわち〝教育の失敗〟です。平等意識に富んだ幸福な人間どころか、反抗的な人間が量産されました。「社会は常に悪い」という前提があるにもかかわらず、一方では「社会が教育する」ということを理想とするわけですから、失敗するのは当然です。矛盾の極致でしょう。

そしてもうひとつの矛盾は、社会に対して批判が出ることを、上層部、つまり共産党が潰していったことです。反対者は容赦なく摘発するか、殺してしまう——。したがって、ソ連には無気力で無力な人間しか出てこない事態になったのです。

ふつうの国家であれば、これらの大いなる矛盾に耐えられません。しかし、マルクス主義は「今でなく〝未来〟を信仰するイデオロギー」ですから、「理想は（いつか）必ず実現する」と人々に思い込ませることで、崩壊までの70年間を持ちこたえました。

これは、ユダヤ教、キリスト教、イスラム教などの「最後の審判」という発想と考え方としては同じです。共産主義は唯物論で、絶対神を否定してはいますが、広義の「宗教」であることは間違いありません。

ヨーロッパの金融を支配する勢力

フランクフルト学派の主要学者陣であるホルクハイマー、アドルノ、フロム、ライヒ、ベンヤミンなどはすべてユダヤ系です。マルクスがユダヤ人であったことはよく知られていますし、レーニンもユダヤ系でした。フロイトもまた、ユダヤ人です。

「社会は常に悪い」とする「批判理論」がフランクフルト学派の批評方法の根幹をな

していることは、実は、彼らの出自に深い関係があります。数千年にわたって常に監視され、いつ追放されるかわからない状態におかれ続けた歴史からくる、ユダヤ人に特有な全世界に対する被害者意識と関係が深いのです。

特に注目すべきなのは、西洋の歴史で言う中世以降、その中でもだいたい11世紀以降のユダヤの歴史です。国家を持たないユダヤ人は、貿易商としてすでに北半球全域に分布し、独自のネットワークを築いていました。しかし、徐々にイタリア商人をはじめ、国家基盤を持つ後発の他民族商人に、権力的な采配によってシェアを奪われていきます。

そこでユダヤ人が生き延びるための活路を見出した事業が「金融」でした。ユダヤ教、キリスト教、イスラム教はともに、貸した金に対して利子をとることを禁じています。ただし、ユダヤ教だけは、異教徒への貸付については金利を許可していました。後にキリスト教も金利を解禁しますが、イスラム教では今でも禁止です。

当時起こった人口増加を背景とする大航海時代の経済発展をひかえ、ユダヤ勢力は銀行事業、保険事業などのヨーロッパの金融を牛耳《ぎゅうじ》ることになります。しかしユダヤ人は、15世紀末のスペインでのユダヤ教徒追放令、その令によって移民した先のポルトガルでの再度の追放令でイベリア半島を完全に追放されました。スペイン・ポルトガルの両国は、ローマ・カトリック勢力を確実に囲い込み、国力を維持しようとしたのです。両国は当時のヨーロッパの二大大国でした。

イベリア半島を追われたユダヤ人は、オランダへ移民します。オランダは、いよいよこれからスペインとポルトガルの世界的マーケットを奪っていこうとしているプロテスタントの新興国でした。

二重三重の「被害者意識」

オランダに移民したユダヤ人は、大航海時代のオランダの繁栄に大いに貢献します。東インド会社の経営にも関わり、オランダ国内に確固としたユダヤ人社会が形成されます。ユダヤ人はアムステルダムを「新エルサレム」とさえ呼び交わしていました。

ユダヤ人のイギリスへの移民開始は、17世紀の「英蘭戦争」を契機とします。英蘭戦争は30年強にわたる長い戦争ですが、その初期に「清教徒革命（ピューリタン革命）」で樹立したオリバー・クロムウェル（1599〜1658年）の政府がアムステルダムのユダヤ教ラビの嘆願にもとづき、移民を黙認します。イギリスは13世紀末に令を出し、ユダヤ人を完全追放していたのです。400年弱の禁が解かれ、ユダヤはイギリスをネットワークすることに成功しました。

17世紀のオランダの繁栄、18世紀のイギリスの繁栄には、ユダヤの金融資本力がその背景にあります。しかし、ユダヤの人々はどの地においても、「少数派の異教徒」というハンディキャップを背負っており、「いつ追放されるかわからない状態」「常に監視されている状態」にありました。

こういった、良い方向にも悪い方向にもいつ手のひらを返されるかわからない、しかもすべてが相手の事情によって変化する環境に置かれたユダヤ人には、二重三重の複雑な被害者意識が生まれました。

強固と思われたオランダのユダヤ社会も、第二次大戦下のナチス・ドイツのオランダ占領で壊滅します。

ナチズムによって普遍化された、迫害に対する恐怖

ユダヤ人は、そういった現実と、二重三重の被害者意識からくる彼らが抱えている負荷や悲劇を普遍化します。つまり、彼らの独自の被害者意識は、「人類すべてが持つべき負荷であり、悲劇である」と考えました。

キリスト教には、「原罪」の概念があります。アダムとエバが楽園追放された原因、神との約束を破ったという罪の意識があります。したがって、いつ追放されるかわからないという意識、常に監視されているという意識は、人間にとっては普遍的な意識に他ならない――と考え、まずキリスト教徒に押し付けたわけです。

その押し付けは、「批判せよ」というかたちで現れました。「抑圧しよう、監視しようとする国家や警察など、あらゆる抑圧機構に対して批判するのは人間にとって当然のことだ」というかたちで押し付けたのです。

あらゆる抑圧機構を、可能な限り小さいものに変革していく――、あるいは機構そのものを破壊することが、具体的な運動の内容になります。

なぜこのような〝流れ〟が生まれたのでしょうか。

最も直近のユダヤ迫害であるナチズムが、まさに国家への恐怖であり警察への恐怖だったからです。ナチズムの下で生きる経験は、ユダヤ人が数千年にわたって監視され、いつ追放されるかわからない、さらにはいつ殺されるかわからない状態にあった歴史の実体験でした。

第二次大戦後の今日でも、ユダヤの人々の中にはただならない恐怖感が残っています。国家そのもの、権力そのものにナチズムをイメージして、常に自分を監視し、いつでも追放する、あるいは殺傷する用意のある機構であると認識してしまうのです。

絶対価値化された「自由」

「父親を殺したい（父親を殺さなければ母親を独占できず、自分は幸福になることができない）」というエディプスコンプレックスは、「ナチズムへの恐怖」と合体し、国家や体制、あらゆる意味で人間を規制するものすべてに対して向けられることになります。そして、ここに「リベラル」という思想が出てきます。

「あらゆる抑圧から自由になる」ということの〝絶対視〟です。リベラルの原点はここにあります。リベラルは、一見普遍的な思想のように見え、一般的には良いものとして考えられがちですが、実はユダヤ人にとっての「監視から逃れたい。追放されるという不安から解放されたい」という〝願望〟の表れに過ぎません。

リベラルと「批判理論」が一緒になり、「批判理論」がリベラルの根幹の理論になる理由はここにあります。フランクフルト学派がユダヤ系学者で構成されていることには必然性があるのです。常に批判していけば、いつかは自由になるという確信と幻想が彼らを支えています。

プロレタリアート革命による社会主義国家の建設は、ナチスよりさらにひどい抑圧機構をつくりあげるだけのことだということが、ソ連の実体と崩壊によって証明されました。リベラルはがっかりして、ソ連を見放しました。そして、自分たちから「左翼」の言葉をはずして「隠れマルクス主義」を追求することに決め、フランクフルト学派の理論の下に参集したのです。

ロスチャイルド家が資金を出せば、ソ連くらいは存続させることが可能だったはずです。しかし、到底、理想的な共産主義国家へは移行しないということがわかって見放した――。ソ連の崩壊の実体はそういうことだったろうと私は思います。

「戦後思想」はすべて同種のもの

ナチス党首ヒトラーは、アーリア人を最上位の人種であるとしました。その中でもゲルマン民族を最も上等とし、文化を創造する能力があるのはゲルマン民族だけであると考えました。

ユダヤ人に対する抑圧政策が、こうした思想のもとでナチスによって行われたとき、ドイツ国内でも広範にわたって強い批判が出ました。「人種ということでユダヤ人を考えることはできない」という批判です。

人種という観点から言えば、ユダヤ人は「白人系のアシュケナジー」と「アジア・アフリカ系のスファラディ」に大別されます。少なくともアシュケナジーにおいては、ヒトラーの人種思想を根拠とする追放の判断はできません。

こうしたナチズムに対する批判はユダヤ人から出ました。ただし、それらの批判は、ユダヤ人による理論をもとにした批判であるということは消え、各国の学者、知識人といった、ユダヤ人に限らない一般的なイデオローグによる「ナショナリズムへの批判」というかたちで出てきたのです。

これが、第二次大戦後のすべてのイデオローグの正体です。現代思想は、国別に言えばドイツ、フランス、アメリカが主流です。お互いに影響がなく独立しているように見えますが、それは錯覚です。

日本の大学では、たとえば文学であればドイツ文学科、フランス文学科、アメリカ文学科、哲学であればそれぞれの哲学科というように、すべて縦割りで分けられて研究されていますからなおのことこの錯覚は強いと思います。しかし、思想の内容においてはすべて同種なのです。

ドイツ哲学もフランス哲学も「リベラル思想」が根底に

フランクフルト学派は「ドイツ思想」に分類されるでしょう。ドイツは哲学にきわめて強い国で、論理的思考については世界で最も発達している国かもしれません。しかし、フランスはフランスで、名の知られたイデオローグが大勢います。

「フランス思想」と言えば、ジャン＝ポール・サルトル（1905～80年）以降、モーリス・メルロー＝ポンティ（1908～61年）、ルイ・アルチュセール（1918～90年）、ミシェル・フーコー（1926～84年）、ジャック・デリダ（1930～2004年）といった名前が挙がりますが、彼らの思想はだいたい似通っており、リベラル思想を根本に持っていると言っていいと思います。

「批判理論」を批評の根幹の方法論に据え、現実の国家を、人間の抑制装置あるいは人間生理の抑圧機関として分析し、批判するわけです。

ドイツ哲学やフランス哲学、その他西洋哲学・文学はだいたい似通い一貫している、と私が言うのはこのような意味からです。そしてそれらを主導しているのが、フランクフルト学派の理論です。

ヨーロッパ社会の負の遺産

フランクフルト学派にはナチズムに対する強い恐怖感と否定があります。だから戦後、一貫してナチズムに対する批判を行ってきたのです。

「600万人」というナチスによるユダヤ人虐殺数は、1945~46年のニュルンベルグ国際軍事裁判で認定されて以来定説化しました。この数字については諸説ありますが、ドイツは東西統一後の1994年に、ナチスによる「ユダヤ人虐殺（ホロコースト）」の存在を否定あるいは批判することを、そして2005年にはヒトラーおよびナチス・ドイツを賛美することを法律で禁じました。

このようなホロコーストの存在否認の言動は現在、すべての国ではありませんがヨーロッパの各国で法律によって禁じられています。ユダヤ人の批判意識は公的なものとして浸透したのです。

戦後を通じて、フランクフルト学派の「批判理論」を根幹とする思想は現代思想の中心になりました。もちろん学派への批判論もありますが、少なくともアウシュビッツを覆すことはできません。

フランクフルト学派は、マルクス主義とフロイト学説を組み合わせ、社会機構あるいは経済機構と人間の精神の問題を一緒のものとしました。それを武器として、資本主義が続く限りは問題が続くのだとしてしまったわけです。

1968年のパリの「五月革命」以降、アラン・ジェスマール（1939年〜）などの左派イデオローグがフランスではたくさん現れました。彼らの理論もフランクフルト学派の「批判理論」と同じです。現状を常に批判し、「文化」を、これまでの過去の文化も含めてすべて否定する思想です。

そして、アメリカにはジョン・ロールズ（1921〜2002年）という哲学者が登場します。ロールズの1971年の著作『正義論』は、アメリカの、現在に至るリベラル思想に決定的な影響を与えました。

Ⅱ　「リベラル」「リベラリズム」とは何か

「リベラル」と「リベラリズム」の歴史背景

ジョン・ロールズは、古典的な「リベラリズム」を現代の時代性をもって考え直した哲学者として知られています。そこでまずは、〝リベラル〟と〝リベラリズム〟の関係と歴史について触れていきたいと思います。

一般的に「自由主義」と和訳されるリベラリズムという言葉をどんな人々が使い始めたかということは、歴史の本をひもとけばわかります。17世紀頃から、近代思想のひとつとして、「人間のことは人間が理性をもって語るべきだ」という考え方が出てきました。フランスの哲学者ルネ・デカルト（1596～1650年）や同じくフランスの哲学者ブレーズ・パスカル（1623～62年）がその代表です。

西洋におけるそれまでの知的権威は、宗教、つまりキリスト教でした。「人間とは何か――、人間はどう言動すべきか――などという問題については、神が判断する。神に判断をあおぐ」という考え方でキリスト教思想は成り立っています。

キリスト教という伝統が根深く植えついていた西洋において、宗教ではなく、「人間の理性」「個人の理性」が注目され始めたのが〝近代〟という時代でした。

宗教的権威から自由である「個人」というあり方が初めてこの時代に登場します。《人間は考える葦《あし》である》というパスカルの言葉はたいへん有名ですが、「人間だって考えるんだぞ」という姿勢が出てきたというわけです。

つまり、ここで言う「自由」とは「宗教的権威から解放される」という意味です。西洋の思想は、常にキリスト教という文脈の中で考える必要があります。

いきなり、「封建社会からの自由」などというものが出てきたのではありません。「今までは神に頼っていた様々な判断を、自らの頭で考えて下そう」という姿勢が出てきた――。これが、そもそものリベラリズムです。

国家権威や体制権力というものからの自由では決してなく、キリスト教的思想から自由でありたいという願いです。では、なぜここから発生したリベラリズムが、「権力批判」や「階級史観」のようなものになってしまったのでしょうか。

マルキシズムに利用されているアダム・スミスの思想

前述したように、啓蒙主義の時代に生まれた西洋における「自由」という言葉の意味は、「キリスト教からの自由」です。しかし、しばしばこの自由は、キリスト教の考え方に対してではなく、「王権や教会など、当時の支配階級というものに対する抵抗の根拠として生まれてきたことにこそ意義がある」という言い方がされてきました。

私は、この評価は間違っていると思います。これは、主に19世紀に出てきた近代思想あるいはマルクス思想によって啓蒙主義の時代の思想を遡《さかのぼ》って解釈した結果です。近代思想あるいはマルクス思想に見合うように解釈しようとしただけのことです。

もともとは、キリスト教的な考え方に対する、ある意味では神の束縛から逃れていこうとする考え方がリベラリズムです。

しかし、マルクスをはじめとする近代思想は、（「ライシテ」、あるいは「ライシズム」と呼ばれますが）ある種の非宗教的で無神論のような考え方、すなわち19世紀近代が獲得したフリードリヒ・ニーチェ（1844〜1900年）以降の「神は死んだ」という考え方を、啓蒙主義時代にすでに先取りしていた思想家がいたと見たいのです。「古典的リベラリズムは支配階級に対する抵抗だった」と評価してしまうのは、そういうことだと考えられます。

マルクス主義における階級闘争が当時も行われていたと見たいがために、古典的リベラリズムを「階級闘争史観」でとらえようとする――、同様のトリックが、アダム・スミス（1723～90年）の評価についても見られます。

アダム・スミスは、資本主義の理論化を追求した学者です。その理論は「古典派自由主義経済学」と呼ばれていますが、「市場において自由競争を行えば〝見えざる手〟によってちゃんと規制され、資本主義は公正に行われる」としたことで、一般的には知られています。

ここは注意が必要です。アダム・スミスは、「自由競争によって資本主義は公正に行われる」と結論した「経済学者」として有名にさせられています。それも結局、19～20世紀になって登場したマルクス的な考え方、世界はすべて経済によって運営されるという理論、階級闘争的な史観を常に意識してこの時代の思想を見ようとする――、その結果です。

自由競争によって資本主義は公正に行われると結論したことでクローズアップされるアダム・スミスは、確実に「マルクス経済学」の歴史の中のひとつとして取り込まれているのです。

解釈のトリック

マルキシズムは、「世界中でいつの時代にも常に階級闘争が行われていた」とした思想です。したがって、古典的リベラリズムが考えた個人の自由を、「キリスト教の考え方から自由でありたい」、または「自分の頭で考えて新しい科学を生み出したい」とする思想的な動きだとはとらえません。

アダム・スミスは、宗教から哲学、政治、経済まできわめて広範囲な分野で思想を展開した人ですが、結局、その思想を、経済の考え方としてのみ、資本主義の思想としてのみとらえようとします。「放任する」「なんでもさせてしまう」「自由に行わせる」という意味の「レッセ・フェール」という用語があり、これをアダム・スミスの思想の基本においてしまいます。

「リベラリズム」という言葉も、「経済自由主義」という意味、「市場自由主義」という意味で使えることにしてしまいます。同じく資本主義の成立をこの時期に見ていたマックス・ヴェーバー（1864～1920年）も、市場自由主義の原型をアダム・スミスに見ました。

経済論に限って言えば、アダム・スミスは「資本主義は必ずしも階級を生むわけではなく、自由競争を行えば健全な資本主義が生まれる」としました。実は、この考え方について、その後の思想がどうとらえてどのように批評していくかを見ていくことが、「リベラリズムとは何か」を考えるときのひとつの軸になります。

すべてをマルクスにつなげる、思想史の改ざん

マルキシズムでは、「モダン・リベラリズム」と呼ばれる「近代自由主義」は、「資本主義をレッセ・フェールで行うとやはり階級の格差を生んでしまう」とみます。次の段階として、「自由放任ではなく、他者を考えよ、社会的公正を考えよ」ということを主張し始めます。常に権力との関係から、階級闘争史観をもって物事を分析しようとしますから、当然、そういうことになります。

階級や権力という概念が入ってくることで、リベラリズムは、階級や権力それ自体を批判の対象とし始めました。たとえば「フランス革命」が起これば、王権に替わって中産階級、つまり資本主義が権力を握った革命だという側面を重視します。経済が

国家権力のひとつとして機能していく流れを考え、経済主義的な分析を軸とした権力批判を続けていきます。

ところが本来、リベラリズムには「キリスト教的な考え方を見直して精神的な自由を得る」という意味があります。ですから、「キリスト教的な考え方からの自由」と「国家権力からの自由」という、見方の異なるふたつのリベラリズムの違いを考える必要が出てきます。

後述するイギリスの哲学者ジョン・ロック（1632〜1704年）の「自然権」は、いわゆる「自然的存在としての人間」ということを表明しているに過ぎません。「神から授けられた生命である」という考え方とは異なる主張を行ったことに意味があり、これは後にチャールズ・ダーウィン（1809〜82年）の「進化論」へつながっていきます。

しかしマルキシズムは、「ジョン・ロックの思想は、もともとは動物から派生した人間が持つべき自由意志は絶対的な政府によって、あるいは国家権力によって抑えられているということを理論化した思想だ」ととらえます。国家権力に対して抵抗した思想家であるとして、ジョン・ロックの評価を固めていくのです。「すべてはマルクスに至るための歴史である」という考え方です。

日本人は「西洋思想」とは距離をとるべき

繰り返しますが、西洋の歴史は常にキリスト教という文脈で見ていく必要があります。リベラリズムが出てきたということは、確かに西洋においては非常に大きな流れの一環でした。

これは同時に、日本人が、リベラリズムは普遍的な理想であるととらえたり、私たちを自由に導く大前提だとして考える必要はない――ということを意味しています。

ユダヤ教に起源するキリスト教的な考え方に基づく西洋の思想史と日本の思想史がまったく別なものであるのは当然のことです。

古代ギリシャや古代ローマがからんでいますが、6世紀以降のヨーロッパは基本的にキリスト教が支配する世界です。日本はヨーロッパとは別の歴史を持ち、キリスト教に支配された経験を持ちません。

したがって日本人は、西洋のリベラリズムとはしっかりと距離を置いて物事を考える必要があります。古来、日本の思想は「自然」というものに即した思想です。そして、「自由はあらかじめあるもの」として考える文化を持っています。

リベラリズムは当初は「啓蒙主義」という考え方でした。キリスト教に対して、従来とは異なる、新しい近代的な考え方で臨もうとする――、そういう動きです。たとえば、ジョン・ロックはその代表です。ジョン・ロックの思想は、歴史の教科書などでもよく言われるように、トマス・ホッブズ（1588～1679年）の「社会契約論」をもとに、個人の生命、自由、財産という3つの権利を「自然権」として主張し始めたということが特にクローズアップして語られます。

さて、日本にとっては、この自然権というものも問題です。自然権とは、「人間が自然の中で生まれてきた以上は、生まれたというだけですでに持っている権利がいくつかあるに違いない」という考え方です。

生命、自由、財産といったものが脅かされるようであれば、安心して生きていくことはできません。したがって、自然権を主張する必要があるとジョン・ロックは言ったわけですが、日本の場合、そういったものは「わざわざ言うまでもなく、もともと備わっている」と考えられてきました。古来の日本の思想家たちは、そのことについて言語化する必要がなかったのです。

明治以降、西洋の近代思想が流入したとき、そういった用語の持ち合わせがなかったために、たとえば「西洋には自由があるが、日本には自由はない」といった錯覚を起こしました。よく言われる「西洋コンプレックス」の正体は、おおかたそういうことだろうと思います。

西洋ではキリスト教の支配が強いために、神と人間の関係でのみ物事を考えてきました。神が与えた生命、神が下した判断あるいは運命です。「すべては神が采配している」という考え方でずっとやってきたわけです。

日本では「すべては自然から生まれた」と考えられています。神々もまた、自然から生まれました。日本人にとっての人間の由来は、『古事記』や『日本書紀』に述べられている通りです。

いちいち自然権を必要とするような考え方は、西洋にのみ通用する考え方です。キリスト教文明における独特な考え方だとしてとらえる必要があります。

近現代の日本の思想家たちは、「思想は西洋が先駆している」「常に西洋の思想が正しい」という認識でやってきました。私は、ここには大きな問題があると思います。日本の思想を正確にとらえながら、西洋あるいは欧米の思想をどう考えるかが重要なのです。

Ⅲ　マルクス主義の歪んだ歴史観

現代の歴史観で過去の時代を見る傲慢さ

現在、一般的に流布している思想史は、決して客観的なものではなく、マルクスに至るための思想史になってしまっています。20世紀における歴史観で、過去の時代の思想は検討されるのです。

階級闘争史観による思想史ですから、西洋が古来持っていたキリスト教思想史は批判の対象となり、キリスト教の考え方を再検討するという本来のリベラリズムの考え方もまた、逆に批判的対象となっていきます。

ジョン・ロックの思想は、絶対主義政府の国家権力に対抗する思想として生まれたとされ、専制的権力者や独断的な政府に対する、社会制度や政治制度に対するひとつの〝抵抗運動〟ということにされてしまいます。

本来、ジョン・ロックが言ったのは次のようなことです。「資本主義においては私有財産が基本となる。所有権が保証されるためには、自由な市民による自主的な合意によって制定される法律、あるいは自由な意思を持つ個人同士の自発的で主観的な裁量によって結ばれる契約で保証されるという方法がある」

これが「社会契約説」です。社会契約によって所有権は保証され、財産を自由に活用できることになります。これを基本とした社会がより良い社会だ、ということが当時、盛んに言われたわけです。

そして、「政府の役割は、個人の権利を守るということに限定される」とジョン・ロックは言ったに過ぎません。しかし後のリベラリズムは、「この時代には国家権力が個人の自由を奪うという、市民に抵抗、あるいは革命を起こさせるような弾圧や抑圧が行われていた」と解釈し、その解釈の下でジョン・ロックを評価してしまいます。

アダム・スミスもまた同じように、リベラリズムに利用されます。アダム・スミスの思想は、「個人の利己心が自由な経済市場をつくり、自由な経済活動を実現する」という、資本主義をある意味では強く肯定する考え方です。しかし現在の思想史、つまりマルクス的な思想史は、「自由経済活動を行わせないように、常に国家は規制する」という国家論を一方でたて、アダム・スミスを語ります。

さらに、マルキシズムは「フランス革命」を、資本主義下での、共産主義に至る「第一段階目のブルジョア革命」として肯定します。そして、フランス革命以降の考え方で革命前の時代を解釈し、マルキシズムに都合のよい、きわめて目的にそった歴史を語るわけです。

「役割分担」を巧妙に言い換えた、「階級」という用語

現代の西洋から提供された歴史をただ受け入れることは危険です。なぜなら先にも触れたように、現代の西洋史は「常に社会は混乱しており、それを整理するためには社会主義体制がよく、闘争することで今日よりも明日が必ず良くなる」と考える、19世紀のマルクス思想を中心とした「階級闘争史観」にもとづく思想に誘導する目的を持ってしまっているからです。

本来の西洋思想史はキリスト教史が基本で、それに対する社会思想史であり、古典的リベラリズムはそれにもとづく人間の自由の問題であったわけですが、後のリベラリズムの手によって大きく変わりました。アダム・スミスにしても、「健全な資本主義、均衡のとれた資本主義というのは自然に生まれる」ということをちゃんと言っている

にもかかわらず、「それは無理だ」ということばかりを言い募《つの》ります。マルクス主義は「階級」という言葉を盛んに使います。これは、古来、日本では「役割分担」と言ってきたものをマルクス主義の主張に合うように言い換えた言葉です。

人間は、何でもできるわけではありません。必要なこと、できることをやって生きていきます。畑仕事も役割分担であり、靴磨きも役割分担であり、王様もまた役割分担である——。「あらゆることは役割分担」という約束事が社会にはあるのです。これは日本だけのことではなく、世界のすべてがそうだと私は思います。

マルクスは「階級」という用語を導入して、「闘争」を呼びかけました。以降、階級闘争理論、また、それにもとづく歴史観（階級闘争史観）を持ってしまったために、あらゆる思想がおかしくなったのです。

「文化破壊」がリベラルに残された道

20世紀に入って、マルクス史観による思想史をとることがあたりまえになってしまいました。そのために、それとは異なる歴史観が綿々とあったこと、今もまた神学史として確立し続けているということが忘れ去られてしまいました。私たち自身、「気がつかないうちに、マルクスの理論と歴史観に染まってしまっている」ということを自覚する必要があると思います。

そして、マルクスがそうであり、フランクフルト学派がそうであるように、20世紀の数多くの思想は、「批判理論」によって構築されています。「国家を否定すること」「規制社会を否定すること」が大前提となっているわけです。

20世紀の重要事件は、ロシア革命にしても第二次大戦にしても、ユダヤ人が潜在的にリードしてきました。ナチズムに対する批判を大きな武器として、アドルノをはじめとするフランクフルト学派の思想が西洋あるいは欧米に蔓延《まんえん》しました。

実は、日本はそれに巻き込まれたに過ぎません。ユダヤ問題は、日本人にとって直接的には関係ありませんが、西洋思想を通して、日本人も「ユダヤ人に対して、何か悪行を働いたような意識」を植え付けられました。無条件に「ユダヤ批判はいけないこと」という感覚が、何も関係ない日本人にまで感染しているのです。

「リベラル」という言葉に象徴される、「隠れマルクス主義」がここに誕生します。

20世紀の前半までは、プロレタリアートによる「暴力革命」という厳然たるマルクス主義の実行計画がありました。マルクス主義によれば、資本主義は倒されなければなりません。それが、ソ連の崩壊、社会主義の失敗を通して見直す必要が出てきました。プロレタリアートによる暴力革命も、資本主義が高度に進んだイギリスでさえも、すべてが中産階級化するという事実を通して階級闘争史観が否定され、成立しなくなりました。

そこでリベラルは、破壊の対象を「文化」に見定め直しました。文化を不安にさせ、人々の疎外感を増長させ、社会主義革命を起こす、あるいは少なくともそれに似た何かに変革していこうということに変わったわけです。

「革命」という言葉を口にするのも憚《はばか》れるくらい、資本主義社会は安定してしまいました。隠れマルクス主義にとっては、文化に対する批判のみが残された道です。リベラルは、「理想化された未来にのみ意味がある」とする思想であるために、常に現在と過去を否定し、私たちが常識として感じる伝統と文化は「無価値である」と言い募ります。

リベラルの、そういった本質を見逃せば、リベラルが意図するまま、私たちは日本の文化を忘れてしまいます。神社仏閣がなぜこれだけ各地各所にあるのかわからなくなり、なぜお祭りを毎年行って熱狂するのかわからない状態におかれ、やがてはすべてを捨て去ることに躊躇《ちゅうちょ》しなくなってしまうでしょう。

それはまた西洋でも同じことです。もちろん今でも教会にはちゃんとした言論が残っていますが、表には出てきません。残っているにもかかわらず、リベラルが言論で否定する、あるいは無視するという作業を続けているために、教会の言論は存在しないかのように思わされているのです。

そして、こういったリベラリズムを再構築することで、1970年代以降のアメリカを席捲《せっけん》し、さらには後発のリベラルに影響を与え続けているのが先のロールズの思想であり、その著書『正義論』です。ロールズはリベラリズムに、「平等」の概念を持ち込みました。

「平等」の概念を加えた、ジョン・ロールズ

ロールズは1921年生まれのアメリカの哲学者です。ハーバード大学教授を長く勤めました。

ロールズの思想も、実はマルクス主義と変わるところはありません。「資本主義においては、自由を重んじると必ず階級格差が生まれ、富めるものがどんどん富んでいく」という考え方が基本だからです。ロールズにとってはこの状態は調整される必要があ

り、そこに導入されるのが「平等」という概念です。

後に詳しく触れますが、現代のアメリカ哲学を代表する思想家に、ロールズの思想を評価しながら「プラグマティズム（実用主義）」を主張したリチャード・ローティ（1931〜2007年）がいます。ロールズにしろ、ローティにしろ、中立で実利的な主張をしているように見え、また、アメリカという国の学者であることもあって、特にローティに関しては日本では「保守思想家」のように喧伝《けんでん》されています。しかし、彼らの思想は、根本的に社会主義思想だということに注意しておく必要があります。

ロールズもローティも社会主義者です。平等とは何かを理論化し、平等を実現しようとしたときの具体論は、あきらかに社会主義的方法です。

現代のアメリカで、リベラルは端的に社会主義者のことを指し、リベラリズムは端的に社会主義のことを指します。それは、「自由」という言葉が20世紀のアメリカでどのように使われてきたかということに大いに関係があります。

古典的なリベラリズムは「個人の行為や経済活動を抑制しないこと」「政府などの介入を少なくしようとすること」が自由の内容でした。ところが1930年代、民主党出身の第32代米大統領フランクリン・ルーズベルト（1882〜1945年／任期1933〜45年）が「欠乏からの自由」ということを言い出します。

何にでも適応可能な「〜からの自由」

ルーズベルトは1941年の「一般教書」で、民主主義の原則として「表現の自由」「信仰の自由」「恐怖からの自由」そして「欠乏からの自由」を挙げました。「Four Freedoms（4つの自由）」として知られています。

このことで、アメリカのリベラリズムは歯止めを失ったということができるでしょう。「自由」という言葉を、「欠乏からの自由」というような文脈で公的に使ってしまうことで、「〜からの自由」というように、自由をあらゆることに適用することができるようにしてしまったからです。

「欠乏からの自由」の実現は、「経済的な弱者を失くす」ということですから、これはもはや社会主義そのものです。リベラリズムは、あきらかに社会主義の顔を持ちました。

ロールズの思想もまたこの枠内にあります。「欠乏からの自由——、経済的な弱者を救済しなければならない」という目的を持つ「平等」の理論です。イギリスの経済学者ジョン・メイナード・ケインズ（1883〜1946年）の「ケインズ経済学」もだいたい似たようなものだと私は考えます。

顔つきを変えたマルクス主義だと言っていいでしょう。ロールズの『正義論』にも通底しています。

日本では、アメリカの思想については、あたかも市民主義的な、保守的なものだろうという印象が持たれがちです。しかし、本質はフランクフルト学派と変わることはありません。

ルーズベルト以降のアメリカのリベラリズムもフランクフルト学派も、同じ時代を生きています。マルクス主義を横目で見、ソ連を横目で見ていました。

ユートピア視されていた「ソ連」

当時、ソ連に行ったことのある人はきわめて少数でした。入国すること自体が困難でした。実体をつかむことは難しく、当時を知らない人には簡単には想像できないかもしれませんが、ソ連は「ユートピア」として理想化されていました。

１９２９年から10年弱続いた資本主義諸国の「世界恐慌」のさなかでも、ソ連は「五か年計画」を着々と進行して、経済発展を続けているように見えました。ルーズベルトも実際に見に行ったわけではなく、「社会主義は成功し、恐慌を免れている」と想像の中で理想化してしまいました。

1910~20年代に生まれた思想家というのは、だいたいこの時代の社会主義に対するユートピアのイメージに染まっています。ロールズの思想にも、基本的にはこのイメージが通底しています。

「正義」は必ず弱者を救済するものでなければならないし、必ず労働者を助けるものでなければならない。そこから帰結される社会の仕組みは、社会主義以外にはありえない――、ということです。

たとえば、富裕層から計画的に高い税金をとることは、ある意味では「富裕層の抹殺」を意味します。つまり基本的には、一貫して「プロレタリア独裁」という考え方があるわけです。

しかし、プロレタリア独裁は、ソ連を見ればわかる通り、一党独裁の全体主義に過ぎませんでした。ナチス・ドイツよりもさらにひどいファシズムだったということが現在ではわかっています。

しかし、世界恐慌当時はそうではありませんでした。「プロレタリア独裁でいけば、理想的な社会が来る、平等な世界ができる」と多くの思想家が信じ込んでいました。

ロールズにも、そういう幻想が根付いていたのです。

社会主義者ルーズベルトの影響下にある戦後アメリカ

社会主義色を強めたリベラリズムに対して、「リベラリズムは本来そういうものではない」という批判も、もちろん出てきました。

日本ではあまり知られていませんが、ロバート・ノージック（1938〜2002年）というアメリカの哲学者は1974年に『アナーキー・国家・ユートピア』という本を書き、「自由至上主義者」などと評されました。「リバタリアニズム（他者の身体・物質的財産を侵害しない限りすべての行為を自由とする主義）」の代表的な思想家です。

また、レーガン政権（1981〜89年）の時代には、主に経済の視点から「ネオリベラリズム（市場や個人への政府の介入は最低限にとどめるべきとする主義）」といった主張も出ました。リベラリズムへの対抗用語として、ネオリベラリズムやリバタリアニズムという言葉が現れてきますが、これはすなわち「社会主義化したリベラリズムへの批判」だったわけです。

ケインズにしてもそうでしたが、ロールズも「国家が規制しないと、資本主義というものは行き過ぎてしまう」と言いました。この考え方は、社会主義と言っていいと思います。この志向は先ほども触れたように、ルーズベルト政権下で、活発に議論されたテーマでした。

ルーズベルトはソ連を高く評価していた社会主義者です。アメリカとソ連と共同歩調をとって世界を社会主義化しようとしていた政治家です。戦後にでてきたアメリカの思想家たちは、基本的にはルーズベルトの影響を受けているのです。

「自己の自由」と「他者の自由」の関係

ローティは日本では保守思想家とされているようですが、リベラリズムということを非常に強調する哲学者です。「公共領域ではリベラリズムを発揮し、私的領域ではリベラル・アイロニスト（自らの不確かさを自覚している人）でいるべきだ」と主張します。ちょっとわかりにくいのですが、つまりはこういうことです。

個人的な自由を突き詰めていくと、「公共性」が問題になります。「個人的な世界においては自由であってもいいが、公共性の高いときには別の考え方をはっきりと自覚して持たなければいけない」という考え方です。「コミュニタリアニズム（共同体主義）」

とほとんど同義です。

公共性を考えるということは、「他者の自由」を気にかけるということです。「リベラリズムであるからには、自己の自由だけではなくて他者の自由を考えなくてはいけない」という考え方に、当然なるわけです。

そして、他者の自由ということを考えるならば、当然の帰結として、コミュニタリアニズムという考え方が出てきます。フランクフルト学派にユルゲン・ハーバーマス（1929年〜）という哲学者がいますが、ハーバーマスも「公共性」ということを盛んに言います。「個人」だけではなく、「公共」あるいは「コミュニケーション」「他者との関係」「共同体」「共通の広場」がキーワードで、まったく同じなのです。

このように20世紀後半の思想史を俯瞰《ふかん》してみると、公共性に関するキーワードが、リベラリズムをめぐる様々な理論の中に出てきます。「個人の自由を尊重する民主主義は、常に公共性を意識してつくられる必要がある」という考え方です。

実にもっともな考え方のよう見えます。しかしここに、大きな危険が潜んでいるのです。

「公共性」を主張する危険性

問題は、ローティやハーバーマスが言うような「公共性」が果たして実現可能なのかということです。「一方では個人の自由が保証され、一方では公共の場で他者の自由が保証されるという状況など果たして可能なのか」ということです。

しかし実は、これは「可能」「不可能」の問題ではありません。忘れてはならないのは、「20世紀のリベラル思想家である彼らのグランド・セオリーは、常にマルクス主義である」ということです。

彼らの思想の根幹には必ず階級闘争史観があり、資本主義社会である限りは必ず、貧富の差＝格差は生じると考え、資本主義社会を否定します。したがって、いくら「左翼がとれたリベラル」を自称したところで、いくら「公共性」と言ってみたところで、彼らの理想は「資本主義社会では絶対に実現しない」という大前提があるわけです。

私が感じる大きな危険、最も恐ろしく思うのはここです。マルクスは、「資本主義には必ず矛盾が生じ、労働者と資本家の間に闘争が起きて資本主義は崩壊する」と予見しました。この考え方には、「資本主義社会は常に悪であって不安定である」という批判の前提があります。まさに「批判理論」です。

あたかも生産的な理論であるかのように、「否定弁証法」などという言葉で語られる場合もあり、「批判理論」はしたたかに生き延びています。

これは、言葉による〝作為〟であると私は思います。西洋思想と関係のない日本人の立場からすれば、資本主義がそのような言葉の操作通りに変わっていくわけがありません。「資本主義の終焉《しゅうえん》」など様々な言葉が撒《ま》かれるわけですが、それは西洋が勝手に理論化している、言葉だけの問題であるということを日本人はちゃんと認識する必要があります。

アメリカのリベラルの代表者であるローティは基本的にマルクス主義者です。ローティが展開しているのは「公共性の実現計画」ではなく、現在の社会と資本主義に対する「批判理論」なのです。

マルクスの亡霊にとりつかれた20世紀の思想家たち

ローティがマルクス主義の立場にあるということは、ローティ自身が明らかにしています。たとえば、次のようにローティは述べています。

《私の時代の左翼の人々は、一般に、マルクスのことを、19世紀の資本主義が生みだした不正義を誰よりもうまく説明した人だと思っている》

アメリカの思想家がこのように言っているわけですから、いかに日本からは保守的に見えるアメリカの思想家といえども、実はマルクスを基本としているということがわかります。そして、次のように述べているのを見ると、20世紀の思想家たちは、マルクスを代弁することに尽力してきたのだということがわかるのです。

《しかし、彼（マルクス）は残念なことにその洞察力、政治的経済的分析を多数の内容のないヘーゲル主義的な見解といっしょくたにしてしまう。19世紀は、最良の政治経済学者がたまたま哲学を専攻し、それを十分に克服できなかったのは残念だ。シドニー・フックの言うように、ヘーゲル哲学の中の救うに値することをすべて引き出したマルクスが、ミルやウェーバーをはじめとする社会民主主義の哲学者に付け加えたのは、富裕層が貧困層を無力化するのに使うよう、辛辣《しんらつ》にことこまかく語り、現実を擁護する人の偽善を暴露するために優越な示唆をいくつも与えたことだけだった》

ローティらアメリカの思想家たちは、「いかにマルクス主義を実現するか」「マルクスが言わなかったことをいかに代弁するか」ということを競い合っていたわけです。

フランスの思想家アルチュセールは、「歴史の科学」というキャッチフレーズのもとにマルクス主義に新しい科学を発見したと言われる人ですが、アルチュセールについてローティはこう述べています。

《その主張に対しては、固く信じがたいというのが、英語圏の大方の反応である。我々英語圏の人間は、実存主義やマルクス主義は戸口に他ならないというサルトルの主張に対しても、同じ反応を示してきた》

ローティら20世紀の思想家には、マルクスの亡霊がとりついています。アルチュセールに限らず、デリダをはじめフランスの思想家はほとんどマルキストで、マルクス主義を前提とする哲学者ですが、ローティは、これらの人々といかに緊密な関係にあるかということがわかります。

《歴史はいつか完成にいたる。社会主義は必然である》

これはローティが、マクシム・コヴァレフスキー（１８５１～１９１６年）という実際にマルクスと交流のあったロシアの歴史学者の言を引用した一節です。

こういう考え方が、実はアメリカの思想の中核にあるということを忘れてはいけないのです。

Ⅳ　標的にされた「文化」と「伝統」

リベラルは敗北者の「避難場所」

フランクフルト学派の隠れマルクス主義思想、つまり「西洋全体を社会主義化するために中産階級の疎外にターゲットを定め、疎外を武器として変革を狙う」という戦略は、結局のところ、アメリカもヨーロッパも共通して持っているということになります。これがやはり、「リベラル」という言葉に集約していく根本の思想なのです。

しかし、リベラルは結局、マルクス主義そのものの理論の後退による、階級闘争が不可能になったことによる、プロレタリアートが力を持つことにならなかったことによる、その結果として生まれた「逃避場所」に過ぎなくなってしまいました。

リベラルという言葉はあいまいなままに、しかし、いつのまにか〝変革の原点〟のように思われています。このあいまいさというのは結局、左翼が自己の思想をマルクス主義の原理でとらえることができなくなったことからくるものです。

これは〝マルクス主義の終焉〟を意味しているはずです。終焉でありながら、リベラルの名のもとに、「国家批判」「体制批判」「権威批判」をもって、相変わらず「批判理論」で延命しようとしています。

なぜ、このようなことになってしまったのでしょうか。その原因は「大学」にあると私は思います。

戦後、ソ連によって一度建設された社会主義体制への、社会主義そのものへの幻想は、思想家である大学教授の手で大学組織に組み入れられました。実は、ローティ自身でさえ、そういう状態を「大学左翼」あるいは「文化左翼」と呼んで批判していま す。

文化は「言語」だけでつくられているわけではない

この事実が、現状をさらに悪くしていると私は思います。ローティによって大学左翼、文化左翼と呼ばれたイデオローグは、その大半が大卒者で占めるマスコミ業界に入り込みました。一般大衆への「批判理論」のさらなる拡散が始まったのです。

「批判理論」のイデオローグはマスコミという情報装置の中枢に入り込みました。マルクス主義が失敗した〝経済主体の変革〟ではなく、〝文化主体の変革〟という恐ろしいほどの幻想を、テレビ、新聞、雑誌などを通して撒き散らしているのが現在の状況です。

ここには、文化に対する無理解さがあります。「文化などというものはいつでも変えられるし、つくることができる」という、根拠のない傲慢さがあります。

文化は、言葉で変えたりつくれたりできるものではありません。土着の、風土に根付いた、社会の伝統に根付いた人々の手によるものでなければ、表現の強さや豊かさは生まれず、「文化」になることは到底できません。

リベラルは、「文化は言語でつくっていくもの」と勘違いしています。したがって、〝言葉〟で破壊していこうとします。これがまさしく「批判理論」の真髄であり、リベラルが駄目な思想であることの根拠です。

チャールズ・テイラー（1931年～）というカナダの政治哲学者がいます。テイラーが主張するリベラルの方法論に「多文化主義」があります。「多文化主義」という文字だけ見れば、あたかも各国各地域、各民族の文化を尊重する主義であるかのように見えますが、実はそうではありません。

文化を均一化する「多文化主義」

「多文化主義」は、まず「様々な層に様々な文化、そして各民族、各国にそれぞれの文化がある」と言います。ただし、それらの文化の実体、文化そのものを研究することはしません。

要するに、多文化主義は「多々ある文化は並列的に並べて扱われるべきだ」とする、文化に対する態度です。したがって、多文化主義は「社会や国家にはそれぞれの文化がある」ということの価値を認めません。

「いろいろなものがあるから、それらは全部並列的に認識されるべきであり、並列的に認識する方法を実行することで公共領域での他者の自由は保証されるだろう」というリベラルの理論です。

これによって何が起こるかと言えば、各国文化の〝消滅〟です。多文化主義は「文化を否定し、破壊するための理論」なのです。「文化を尊重するための理論」では決してありません。

多文化主義は、特有の文化を認めません。高いとされる文化も低いとされる文化も、あるいは特殊とされる文化もすべて同じだと見ます。「では、あなたの文化は何なのか」という質問については、リベラルは決して答えません。

答えないことが多文化主義であり、つまり、そういうレトリック、言葉の作為に過ぎません。ローティが「文化左翼」などと呼ぶので、文化をちゃんとつくるつもりで、その源泉を探っているかというと、そうではないのです。

「伝統文化」を研究することが「権威主義」と批判される異常さ

現在、驚くべきことに世界中がそのような状況にあります。私が美術史家として、海外の学会で今も経験していることですが、「伝統文化」を研究しようとすると、「権威主義」あるいは「エリート主義」といった言い方で批判を受けます。

「文化を評価する、位置づける」ということをできるだけ避けるのです。まさに「多文化主義」の態度を今、世界の学会がとっています。

私がいくら、「ルネッサンス美術」や「キリスト教美術」「仏教美術」について、こういう価値があります、と言っても馬耳東風《ばじとうふう》です。無関心を決め込みます。

今日、「世界文化遺産」が高く評価されています。その評価が人々を動かし、各国の重要な観光資源になっています。この現実を「多文化主義」をとる文化左翼、学者リベラルたちは無視します。

なぜかと言えば、伝統文化の研究を開始すれば、各国それぞれに尊重されるべき文化があるということが明らかになってしまい、リベラルが否定すべき、伝統と文化の維持を認めざるを得なくなるからです。

「こういう価値がわが国にはあったのか」ということに気づき、それを認めてしまえば、リベラルは崩壊してしまいます。言葉による説明では処理できない文化そのものに触れることで、「自分個人と他者に共通する何か」、つまり「伝統の価値」を感じてしまう可能性を察知して恐怖しているわけです。

たとえば、今や世界中どの街にもあろうかという、とある有名なカフェ・チェーン店は、まことに平均的で均一化された、貧寒とした内装です。

「ビエンナーレ」（2年に一度行われる国際美術展覧会）でさえ、必ずあるのは〝ゴミ〟のイメージです。粗末な椅子だけがある会場喫茶店や放置された展覧会機材……、最先端の芸術界は、すでにそういう退廃的な段階にあります。

公の場で「ジーンズ」をはくことが文化的⁉

その国その地域にある伝統的な文化をできるだけ見せないようにして、世界中が同じように見えるよう、貧寒としたものを並べるという一種の「自己規制」は、リベラルの思想によっています。それが、エリート批判や権威批判、権力批判に通じるという思想です。

今では多くの学者が「ジーンズ」をはいています。進歩的で文化的と称される人々は、ネクタイなどはほとんど締めません。すべてエリート批判、権威批判の〝表現〟のつもりなのです。

ネクタイなどを絞めた日には、エリートであり権威であることを誇示していると批判されます。世界中の学者が、できるかぎりもっさりとした、わけのわからない格好をしています。そして、権威的なこと、権力的なことはいっさい口にしません。

これらはまったくの偽善です。たとえば会議の場などでは、必ずリーダーがいなければいけません。ちゃんとした知識のある人が、使命感と責任をもってやる必要があります。学者であること自身、ひとつの「権威」がなければ学説を主張できません。

こんなことは常識で、わかりきったことです。それが反対に、「ネクタイをしている人は自由がない」「マナーなど社会的な制度とされてきたことを守ることは権威的である」というところまで行ってしまっているのです。

テレビに出てくる、日本の学者なども同様です。「権威的」ととられる可能性のあることは決して言いません。平凡なことを言おうとして、そのための努力さえしています。

これらの現象は、学問的な劣化や学者の実力の劣化が原因ではないと私は思います。これは、意図的なサボタージュです。実に、リベラルの文化破壊戦略がある程度効果を示してきている状態だと言うこともできます。恐ろしい状態がきています。

ですから現在は、一般大衆が頼りにするような、まともな思想家がいません。小林秀雄（1902〜1983年）や和辻哲郎（1889〜1960年）、江藤淳（1932〜99年）のような思想家らしい思想家、評論家らしい評論家がいないのです。

村上春樹（1949年〜）の小説は人気があるようです。しかし私には、村上春樹にはまったく思想がないように思えます。その人間観は「地球人間」的発想で形づくられているからです。先に触れたカフェ・チェーン店のようなものです。

村上春樹にしても、カフェ・チェーン店にしても、ある一定の人気を呼んでいるということはもちろん知っています。そういうことが、世界的に主流となっている風潮であることも、経験のうえでもわかっています。ですが、果たしてそれが「文化」と言えるのでしょうか。

伝統を否定し、無国籍で、無味乾燥な軽薄さにのみ共感して喜んでいる——。「リベラル」の名のもとに、文化・芸術は今、非常に愚かな、悲惨な状態にあるのです。この一例を見ても、リベラルの駄目さがわかろうというものです。

第二章　それでも日本に「リベラル」が生き残る理由

I 「日本国憲法」とOSS「日本計画」

日本のリベラルの根拠は「憲法九条」

本章では、日本のリベラルについて考察していきたいと思います。

このテーマを考えるうえで、検証しなければならないものが「日本国憲法」の第九条です。なぜなら、実は〝憲法九条〟がリベラル勢力の思想を支えているからです。

第九条　日本国民は、正義と秩序を基調とする国際平和を誠実に希求し、国権の発動たる戦争と、武力による威嚇《いかく》又は武力の行使は、国際紛争を解決する手段としては、永久にこれを放棄する。

②　前項の目的を達するため、陸海空軍その他の戦力は、これを保持しない。国の交戦権は、これを認めない。

日本国憲法は昭和22年（1947）、GHQの占領下で施行されました。日本の再独立、つまり「主権」が回復したのは、昭和27年（1952）4月28日の「サンフランシスコ講和条約」の発効によります。

端的に、憲法九条は「日本は軍隊を持たない」という条文です。なぜ軍隊を持たないのかと言えば、《国際平和を誠実に希求》するから――、としています。

具体的には対外戦争・侵略戦争を不可能にするための条文ですが、結論から言うと、これは大嘘です。憲法九条は、日本の社会主義革命のためにアメリカが「OSS（Office of Strategic Services／戦略情報局）」による「日本計画」のもとに用意した条文です。

憲法九条は、終戦後、直近に予定された革命に対して、「それを弾圧する軍隊をつくらせないことで革命を円滑に実現する」ということを目的に作成され、施行されました。そのいきさつについて、これから詳しく触れていきます。

もちろん、日本で社会主義革命が起こったという事実はありません。なぜならそれは、1945年にアメリカの大統領がフランクリン・ルーズベルトからハリー・S・トルーマン（1884～1972年）に変わったこと、そして、ソ連が脅威となりアメリカの政策が大きく変わったことで、ＯＳＳ「日本計画」は戦後の2年の間に立ち消えたからです。

わが国は、ＯＳＳ「日本計画」のもとに占領下で施行された憲法を、現在まで改正せずにきました。つまり、社会主義革命のために作成された日本国憲法が存続しているということです。

前章までに触れてきた西洋型のリベラリズムが日本に生き残っている理由はここにあります。本来、「変革志向」であるはずのリベラル勢力が憲法改正については過剰なほどに拒否反応を起こして断固維持を主張する理由も、まさにここにあるのです。

ＯＳＳ（戦略情報局）による「日本計画」

アメリカで現在稼働している、アメリカに対峙する世界の戦略分析と政策提言を行う組織として、「ＣＩＡ（Central Intelligence Agency／中央情報局）」や「ＣＯＩ（Coordinator of Information／情報調整局）」はよく知られています。しかし、その前身として、第二次大戦に際して「ＯＳＳ」という略称の「戦略情報局」という組織があったことは、日本ではあまり知られていません。

1991年にワシントンの国立公文書館で「秘密の戦争――第二次世界大戦におけるOSS」という公開シンポジウムが開かれてから、OSSの名前と内容は一般に知られるようになりました。

OSS自体は1945年に解散していますが、GHQの最高司令官ダグラス・マッカーサー(1880~1964年)の対日支配の構想は、そのほとんどが、あらかじめOSSによってつくられていたものです。一例をあげれば、「昭和天皇の戦争責任を問わず象徴として温存させる」という重要政策も、OSSの研究調査の結果によって準備されていました。

昭和16年(1941)12月、「大東亜戦争(太平洋戦争)」が勃発した直後からOSSによる「日本計画」は準備されました。昭和17年(1942)の6月までに、3度にわたって用意周到に草稿が練られました。OSS「日本計画」の最終草稿は次の通りです。

① 日本軍事作戦を妨害し、日本軍の士気を傷つける。
② 日本の戦争能力を弱め、スローダウンさせる。

③　日本軍当局の信頼を貶《おとし》め、打倒する。
④　日本とその同盟国および中立国を分裂させる。

以上は軍事的な面での作戦です。そのうえで、政策目標達成のために、次の7つの宣伝目的、プロパガンダのテーマが設定されています。

①　日本人に、彼らの政府や日本国内のその他合法的情報源の公式の言明への不信を増大させること。
②　日本と米国の間に、戦争行動の文明的基準（civilized standards of war conduct）を保持すること。
③　日本の民衆に、彼らの現在の政府は彼らの利益に役に立っていないと確信させ、普通の人々が政府の敗北が彼ら自身の敗北であるとみなさないようにすること。
④　日本の指導者と民衆に、永続的勝利は達成できないこと、日本は他のアジア民衆の必要な援助を得ることも保持することもできないことを、確信させること。
⑤　日本の諸階級・諸集団間の亀裂を促すこと。
⑥　内部の反逆、破壊活動、日本国内のマイノリティ集団による暴力事件・隠密事

件への不安をかきたて、それによって、日本人のスパイ活動対策の負担を増大させること。
⑦ 日本の現在の経済的困難を利用し、戦争続行による日本経済の悪化を強調すること。

(「日本計画」草案／加藤哲郎訳)


特に注目すべきなのは、⑤と⑥です。戦略として、「階級闘争」だけでなく、「差別による対立」と「団体間の対立」の扇動が重要視されていることがわかります。

これらは、すでに中産階級化していた日本国民全体を攪乱《かくらん》して、そのあとに革命を期待するという、まさにフランクフルト学派の理論が基本にあることを予測させます。

そして当時のアメリカ大統領は、社会主義者であるルーズベルトでした。

ソ連のシンパだったルーズベルト大統領

1929年、「世界恐慌」が起こりました。アメリカ経済は非常な打撃を受け、大量の失業者を生みました。

1933年、「ニューディール政策」を掲げて大統領選を勝ち抜いたルーズベルトが就任します。ニューディール政策は、失業者対策、雇用の増大をはじめとする、徹底的に労働者の側に立つ政策です。ニューディールとは「新規に巻き直す」という意味で、政府が積極的に経済に介入する、アメリカの大変革策でした。

ルーズベルトは以降、米大統領史上最高の4選を果たし、第二次大戦終戦直前の1945年4月に死去するまで大統領の座にありました。これだけの支持をルーズベルトが集めたのは、「失業」という大問題を抱えていた当時のアメリカにあって、所属政党である民主党が左派政党であり、ソ連をひとつの模範としていたからです。

ソ連は唯一、世界恐慌の影響を逃れ、着々と「5か年計画」を実施して成長している国家に見えました。ルーズベルトは、客観的な観察としたうえで、「ソ連は資本主義経済に起こりうる〝恐慌〟の心配のない健康な経済下にある国家だ」ということを言い続けた人物です。

表立ってはもちろん言いませんが、ルーズベルトはソ連の体制を「理想」としていました。当時のソ連の最高指導者ヨシフ・スターリン（1878〜1953年）とルーズベルトは非常に親密だったことも知られています。

事実、ルーズベルトはソ連を常に支持していました。共和党の反対を押し切り、西洋諸国より10年ほど遅れるかたちでソ連を承認したのはルーズベルトです。

1941年、ポーランドをともに占領していたソ連とドイツの対立が深まり、「独ソ戦争」が開始されると、ルーズベルトは中立を表明していたにもかかわらず「武器貸与法」をソ連に適用し、武器と物資をソ連に供給し始めています。

アメリカは、ナチス・ドイツに対しては、ソ連の利害を根拠にソ連と組んで戦ったのです。ナチス・ドイツがアメリカに侵出した事実はありません。

景気沈滞を打破するための開戦

ルーズベルトが掲げたニューディール政策は社会主義政策です。しかし、一般層としては保守勢力が確固に存在するアメリカが、そう簡単に社会主義国家に変わるはずはありません。

ルーズベルトは、団結権・団体交渉権を明確に認める「ワグナー法」を制定するなど、一貫して労働者の権利を強く保護する政策を進めます。ところが、なかなか状況は改善されませんでした。

そこで考えられたのが「戦争」です。戦争をすることによって、失業者は軍隊に吸収されます。軍事産業が回転を始めますから、アメリカの産業全体が活性化します。

しかし、ルーズベルトが所属する民主党は本来、労働者層、移民層の支持で成り立つ、いわゆる「人民」のための政党です。人民を戦争にかりたてることはそう簡単にはできません。

それでも、国家経済を惨状から救うために、なんとかして戦争を行う必要がありました。開戦のきっかけをつくらなければなりません。

アメリカはドイツに対しても何度か挑発を行っています。1941年の数回にわたるドイツ潜水艦とカーニ号をはじめとするアメリカ駆逐艦との大西洋上での衝突（アメリカ乗員に少なくない死傷者が出ている）は、米軍が挑発したものだということがわかっています。

しかし、アメリカ国民は国土に触れられない限り、開戦を承諾するまでの怒りを持つことはないということが、その頃には明白になりつつありました。ドイツに工作しても、戦争を開始する気運にはなりません。実際、前述したドイツに対する米軍側の挑発行為は、自国の上院調査委員会で明らかにされ、追及されているのです。

ドイツ国内にはアメリカ人も多く残っていました。ホロコーストをはじめ、いくらナチスやヒトラーの悪行をもって主要敵国として想定したところで、同じ白人同士ですから、積極的にドイツとは全面衝突したくなかったのです。

そこでルーズベルトが目をつけたのが「日本」です。日本は、名目上の主要敵国ナチス・ドイツの同盟国であり、その資格は十分でした。

黄色人種の日本人がアメリカ国土に触れれば、米国民は必ず奮起するだろうということです。ルーズベルトは、「黄色人種は劣等民族だから、どこかで根絶させないと世界はよくならない」とまで言ったことがあります。公開されている公文書から現在、アメリカの計画に沿って大東亜戦争は開戦されたものであることが明らかになっていますが、その底には明らかにルーズベルトの人種差別意識がありました。

１９３９年頃から、すでにアメリカは日本海軍に対して折衝を重ね、工作を開始していたらしいことがわかりつつあります。ルーズベルトによる日本との開戦計画は、綿密に練られたものでした。

しかし、日本は可能な限り、アメリカとの開戦を避けようとしていました。そこでルーズベルトが、最後に出したカードが「ハル・ノート」でした。

二通あった「ハル・ノート」

1941年11月26日、アメリカは日本に交渉文書を提示します。日本での正式名称は「合衆国及日本国間協定ノ基礎概略」で、交渉にあたったコーデル・ハル（1871〜1955年）国務長官の名前から、後に「ハル・ノート」と呼ばれるようになりました。

文書の内容は、アメリカ側が考える国際秩序の安定策を提示し、日本に要求をのむよう迫ったものです。この中には、日本がのむ可能性のない、支那大陸やフランス領インドシナ（仏印）からの即時無条件完全撤退、親日の南京政府に敵対する蔣介石《しょうかいせき》（1887〜1975年）政権支持への転換、日独伊三国同盟の破棄などの強硬的な内容が含まれていました。つまりこれは、日本側に開戦させるための文書以外のなにものでもなかったと言うことができます。

ハル・ノートにはもう一通、ハル国務長官が書いた「妥協案」が別にあったことはよく知られています。先の「強硬案」を作成したのはハリー・D・ホワイト財務次官補です。そして、このホワイト財務次官補は、ソ連軍情報部に内通したスパイでした。

ルーズベルトがソ連と親和していただけでなく、明確にソ連側の利害に立って工作を進める人物がアメリカ政府内にいたわけです。また、OSSには対ドイツ構想の立案スタッフとして実際に、ホルクハイマー、アドルノ、マルクーゼらフランクフルト学派の社会学・人文学者が加わっていたこともわかっています。

ルーズベルトは「世界の社会主義化」を目指していました。OSSは、その目的を暗黙裡《あんもくり》に持っていた戦略組織でした。

OSS「日本計画」は、階級闘争を起こさせ、軍部を孤立させ、軍部と人民とは違うという意識を与えて日本国内を混乱させることを計画の基本に据えていました。しかし日本は、計画通りにはならない国柄を持っていました。

〝奇襲〟だと演出された「真珠湾攻撃」

日本に、OSS「日本計画」で予定されたような階級分裂は起こりませんでした。「大政翼賛会」に見られるように、国難に対しては右派・左派の別なく、一致団結して動きました。

戦後、「大政翼賛会は軍部に強制された組織であり、国民を無理やり総動員するための天皇親政だった」などとよく言われます。しかし当時は、「一致団結して、国を、天皇を守ろう」ということが国民の総意でした。

一般人のものも含め当時の日記資料を見れば、それは明らかです。ハル・ノートを突き付けられて大陸からすべて撤退しろと迫られ、石油を止められれば、日本は国家運営をしていけないということを皆わかっていました。日本海軍は、国内に充満する開戦の気運をしぶしぶのんだと言ったほうが事実に近いのです。

そして、アメリカは以前から日本を、開戦せざるをえないという状態に追い込む工作を続けていました。アメリカの国土を叩くのは海軍の役目です。当時、いわゆる「空軍」は海軍の所轄でした。連合艦隊司令長官の山本五十六《やまもといそろく》（1884〜1943年）にアメリカは盛んに接触していたはずだと私は思いますが、この話は別の機会に譲ります。

大東亜戦争はアメリカが熱望した戦争であり、アメリカに脅迫されてやむをえず日本が開戦した戦争です。ハル・ノートはアメリカ国民に対してはひた隠しにされました。あらゆる点から見て理不尽な要求であるハル・ノートは、そういった交渉を日本に対して行っていることが表に出れば、前述したドイツ潜水艦への挑発行為のように、国内議会で問題にされてしまうべきしろものです。

1941年12月8日の真珠湾攻撃は、ルーズベルトによって、その奇襲性が演出されたのです。

「戦争を利用する以外に革命は不可能である」（レーニンの言葉）

突然、野蛮な、猿のような日本人が襲ってきたかのように、アメリカ国民には見えました。それがまさにアメリカにとっては「太平洋戦争」の開始であり、日本にとっては交渉を重ねてきた末でのやむをえない「大東亜戦争」の開始です。

開戦しなければ、天皇を含めた日本の〝国体〟すべてがアメリカに破壊される可能性がありました。アメリカは1940年の時点ですでに、「フライングタイガース」と呼ばれる義勇軍を国民党（蔣介石）支援として支那大陸に派遣していました。義勇軍は名目であり、実体はルーズベルトの後援を強く持つ「対日戦闘爆撃部隊」です。

そして、大東亜戦争におけるアメリカの対日基本戦略がOSS「日本計画」による、日本の社会主義化です。「階級を分裂させ、革命を起こさせる」ことがその基本構想でした。

マルクス主義を革命思想に明確化したのはウラジーミル・レーニン（1870〜1

９２４年）ですが、レーニンは「戦争を利用する以外に革命は不可能である」と言っています。革命は混乱状態の中で起こるべきもので、国家がある限り、あるいは、軍隊や警察などの鎮圧組織が機能している限りは無理だというのが基本でした。

１９１８～１９年の「ドイツ革命」の混乱を見れば、民衆のにわか軍隊などは国家の軍組織に簡単に鎮圧されてしまうことは明らかでした。軍隊がない状態にすることが効率のよい革命の第一歩です。

したがって、軍部を叩く戦略を、ＯＳＳ「日本計画」の中心に置きました。「この戦争は一般国民には責任がなく、軍部が軍部の利害のみで行ったものである」ということを喧伝したのです。

Ⅱ　レーニンの革命理論「二段階革命」

天皇を利用した後に葬る「二段階革命」

レーニンの革命理論に「二段階革命」があります。1905年の著作『民主主義革命における社会民主党の二つの戦術』で具体的に明らかにされた革命戦術です。「まず中産階級による〝市民革命〟を起こして資本主義を成熟させ、マルクス主義にもとづく必然的矛盾が生じるのを待ち、そこで初めて〝社会主義革命〟を実施すべきである」とする理論です。

この二段階革命理論が、OSS「日本計画」にも、特に戦後の占領施策論として適用されています。ただし、日本に対しては、ひとつ独特な方法がとられました。

OSSの日本調査・研究の結果として、「天皇」については革命の第一段階にあたる市民革命のために利用することとしたのです。社会主義体制に天皇の存在はありえません。あくまで、天皇を葬る最終的な革命の前段階、資本主義を成熟させて矛盾を生じさせるための有効な装置として、「象徴天皇」の概念を発明したのです。

したがって、実は、現代の日本はいまだに、隠れマルクス主義者であるリベラルにとっての、二段階革命の第一段階目にあるのです。革命を阻止する軍隊の存在を否定した憲法九条は、まさにリベラルにとっては本拠地であり、牙城です。これが日本にいまだにリベラルが生き残り、「憲法改正」、とりわけ「九条改正」に対して断固反対し続ける理由なのです。

日本共産党議長・野坂参三が総理大臣に⁉

OSS「日本計画」の二段階革命は、非常に具体的に計画されました。アメリカは、中国においては毛沢東《もうたくとう》（1893～1976年）を政権につかせ、日本においては野坂参三（1892～1993年）を政権につかせることを画策していました。

野坂は「コミンテルン（共産主義インターナショナル）」日本代表、日本共産党議長を務めた人物です。2004年に公開された毛沢東の野坂宛の書簡は、当時、毛沢東の支配下にあった中国の延安解放区で二人の間に親密な情報交換があったことを示しています。

野坂は、イギリスで西洋の共産主義運動を実体験し、ソ連に密入国し、アメリカに渡ってアメリカ共産党にも参加したというきわめてインターナショナルな人物でした。英語も堪能です。

アメリカは野坂を共産党の主席におき、首相にするつもりでした。GHQは戦後すぐの昭和20年（1945）10月10日、共産党員を中心とする政治犯500名を府中刑務所から釈放しています。

戦後の日本共産党の復興に大いに尽力したのが、日本生まれのカナダの外交官エドガートン・ハーバート・ノーマン（1909〜57年）でした。ノーマンは一貫してマルクス主義者です。アメリカの要請でGHQに出向し、昭和天皇とマッカーサー会談の通訳を務めたことでも知られています。

ノーマンは、（結局は左派知識人のみを大学に残すことになった）「公職追放」を実施したGHQ民生局次長チャールズ・L・ケーディス（1906〜96年）の右腕でもありました。さらに、日本国憲法の起草にあたった人物でもあります。

マッカーサーの指令によって中止された、有名な昭和22年（1947）2月1日の「ゼネラル・ストライキ」の計画は、OSS「日本計画」にのっとった社会主義革命の契機でした。前年の1月、国民の誰もが引き揚げに苦労していた時期に、野坂はソ連を経由することできわめてスムーズに中国から帰国しています。

「社会主義運動」を「民主主義運動」と誤解した日本人

野坂の帰国は、支那大陸での「日本人解放連盟」を主軸とする「日本帝国主義打倒運動」を経たうえでの凱旋《がいせん》帰国であり、帰国後ただちに日比谷公園で、大規模な帰国歓迎大会が行われました。そこでは皇室容認の声明も発表され、まさに「日本共産党政権樹立」の気運が高まり、翌年の「ゼネラル・ストライキ」が準備されたのです。

しかし、アメリカ本国では1945年の4月、ルーズベルトの死去によって大統領がトルーマンに代わっていました。前任者死去による副大統領からの昇格ですから同じく民主党政権ですが、国際情勢はここにきて大きく変わってきていました。

モスクワのアメリカ大使館に勤務していた外交官ジョージ・ケナン（1904～2005年）が1946年に打ったいわゆる「長文電報」によるソ連分析を機に、アメリカ政府は「反ソ連」に舵を切ります。OSSが発展解消するかたちで組織されたCIAに与えられた任務は「反共産主義」でした。

日本での「2・1ゼネラル・ストライキ」の動きについて、アメリカ本国はGHQ民生局の関与を疑いました。そこでマッカーサーは「ゼネストの中止命令」を発し、ここにOSS「日本計画」にもとづくアメリカの「日本社会主義化戦略」は事実上、消えたのです。

昭和20~22年の間に日本で行われたことは、ズバリ〝社会主義革命運動〟です。「新憲法の発布」「財閥解体」「農地解放」など、社会主義化のためのあらゆる政策が実施されました。

そして、二段階革命の第二段階目「日本共産党による政権奪取」まで一気にやってしまおうとしたのが2・1ゼネラル・ストライキです。しかしそれは、アメリカ本国の外交政策の大転換で中止されました。

そしてここには、大きな問題があります。

私たち日本人は、この2年の間に起きたことを社会主義運動ではなく、民主主義運動だと誤解してしまったのです。OSS「日本計画」にもとづく戦略によって「誤解させられた」と言ったほうが、事実には近いかもしれません。

左派もわかっている「平和憲法」の矛盾

昭和20〜22年の2年の間は、二段階革命の第一段階目ですから、レーニンの理論によれば「市民革命期」にあたります。しかし、GHQが指導した新憲法の発布、財閥解体、農地解放などは、すべて「民主主義の実現」の名のもとに行われました。

国家を存続させようというのなら、軍隊が必要であることは国際常識です。軍隊がないことなどはありえないのですから、憲法九条は明らかに意図をもって用意された条文です。

それは、二段階革命の第二段階目直近に起こる「社会主義革命」(具体的には、2・1ゼネラル・ストライキによる革命)を弾圧する実力を排除するためです。憲法九条は、「アメリカが日本を社会主義化しようとしていた」ということの証《あかし》です。私たち日本人はこのことをしっかりと認識する必要があります。

戦後の左翼リベラル、そして「左翼」がとれた後のリベラルは、日本国憲法を「平和憲法」と呼び、九条で実現されるべき「平和国家・日本」を理想化します。軍隊がないことが平和とイコールではないことは自明であるにもかかわらず、そういう態度をくずさないのは、左派勢力が「憲法九条は自分たち（左派勢力）の蜂起が潰されないようにするためにつくられた実利的な条文である」ということを、ちゃんと知っているからです。

したがって、「九条の会」（この会自身が右記を自覚しているかどうかはわかりませんが）を旧社会党勢力、日本共産党、社民党が支持するわけです。「憲法九条があり、軍隊を排除できれば、自分たちはいつでも蜂起して勝利できる」という気持ちは今も変わらないのです。

しかし前述の通り、内外の情勢が変化（ケナンの「長文電報」など）し、アメリカは反共産主義に転換しました。反共のための実力組織が日本にも必要になり、昭和25年（1950）に「警察予備隊」が組織され、昭和27年（1952）に「保安隊」に改組、昭和29年（1954）に「自衛隊」として再編成されます。

「言の葉」が、明らかな〝憲法違反〟を良しとしている

自衛隊は明らかに憲法違反です。どう見ても「軍隊」であることは間違いありません。国際社会からは当然、自衛隊は軍隊として扱われています。政権与党の経験が長

い自民党は、ずっとその辻褄《つじつま》合わせに追われてきました。無理のある条文解釈を重ねてやりくりしているのは、憲法九条を額面通りに遵法すれば、国家の体をなさないからです。

必要ですから予算を取り、軍備を進めます。法律も整えていきます。自衛隊は明らかに憲法違反であり、国民は皆それを知っていますが、正面からそれを口にすることは控えています。マスコミもそれをはっきりと指摘することはありません。

日本は現在も、そういう偽善的な社会の状態にあります。憲法違反であることは知っているが、国防が必要なことも承知している――。だから、国民の多数は安倍政権を支持しています。安倍首相も、このことについてはあまり表立って口にしません。この、「口にしない」というのは、きわめて日本的な現象です。

しかし、今や衆・参両議院で3分の2以上の改憲勢力が占められているのですから、一気にやってしまったほうがいいでしょう。国民も当然（密かに？）、それを期待しているのですから。

いわゆる「言語」のことを、日本では「言葉」と言います。「言」の「葉」です。要するに、「葉っぱ」、葉っぱに過ぎない――。言語を信用するのが西洋（欧米）で、基本的に言語を信用しないのが日本なのです。

「ことの葉っぱ」で、「言葉」です。「こと」は歴然とありますが、「葉っぱ」のほうは、結局、散ってしまう、あるいは散ってしまってもかまわない。したがって、いくら憲法にそう書いてあろうとも、「こと」はちゃんと行われる、行われるべきだという意識のほうが日本人は強いのです。

ですから日本は、憲法九条がありながら、軍隊をつくりました。

ちなみに、ストックホルム国際平和研究所（ＳＩＰＲＩ）などの調査データをもとにした２０１６年の「国別軍事力ランキング」では、自衛隊は世界第４位に評価されています。

「象徴」という言葉で失敗したＯＳＳの破壊工作

ここまで見てきたように、九条があることによって、日本国憲法は「左翼暴力革命」を遂行しやすくするための装置となっています。

それがルーズベルト大統領の意図でもありました。開戦前夜に首相の任務にあった近衛《このえ》文麿《ふみまろ》（１８９１〜１９４５年）はそれを知っていて、終戦の年の2月に昭和天皇に対し、「社会主義化の可能性」を警告する上奏文を出しています。

しかし結局、日本はＯＳＳ「日本計画」の通りには社会主義化せず、現在も社会主義革命は起こっていません。これは、ＯＳＳが結局、日本における「天皇」という存在をあまりにも軽く見たことが要因だろうと私は思います。

ＯＳＳ「日本計画」は、天皇を利用して二段階革命の第一段階目を実現させるつもりでした。利用価値を知ってほくそえんだのですが、天皇の文化的伝統の強さを見損ない、失敗の可能性を見過ごしたのです。

「象徴」という言葉を使っていることが、その決定的な証です。天皇は象徴として存続させるということは、１９４２年の６月の時点で、すでにＯＳＳ「日本計画」に出ています。象徴は、「日本の元首であること」と、「軍隊の最高指揮権・統帥《とうすい》権を持つこと」を消すための言葉です。マッカーサーはそれを知っており、ＧＨＱ民生局の起草者たち、その後の起草担当者においてもＯＳＳのプランに従って、象徴という言葉を踏襲しました。

象徴という言葉は、西洋の使い方でいうと非常に軽い言葉です。「神ではなく偶像である」という意味です。極端に言えば、「偽物である」ということです。

アメリカが天皇という存在をどのようにとらえたかと言えば、間違いなく、日本人にとっての〝神〟ととらえました。「天皇のために死ぬ」という戦場での日本兵の態度、そして当然、「特攻」という戦法を分析して、「天皇は神である」と考えました。

そこで、「天皇は神ではなく、神の偽物＝象徴である」という教育を行えば、日本人の天皇に対する崇敬《すうけい》の度合いがだんだん薄まっていくだろうと予想したわけです。

確かに今の日本では、ややそういう状況になってきています。現代の有様を見れば、OSSのプランは、ある程度の成功はしていると言えますが、倒すことができるまで、消すことができるまでのレベルにはまったく達していません。二段階革命理論によれば、天皇を倒す段階は、次の第二段階目の革命ということになりますが、これはもう絶対に起きないでしょう。

「日本国憲法」は「社会主義革命憲法」だった

OSS「日本計画」は、すべて挫折しました。しかし、戦後すぐの2年間は計画が有効であり、GHQがそれを遂行したために、「日本計画」に潜む左翼思想が日本のすみずみまで浸透しました。

民主主義の名のもとに浸透した社会主義思想は、戦後の思想界を牛耳るフランクフルト学派の理論とぴたりと重なりました。戦後日本は、日本国憲法をふりまわすことで、西欧のリベラルと歩調を合わせたわけです。

フランクフルト学派の批判理論および反ナチズムの動きと、ＯＳＳ「日本計画」が植え付けた社会主義思想とが重なり、日本に、憲法を根拠とした左翼が生まれました。これが日本のリベラルの正体です。

そして、これもまた、日本独特の現象です。「批判理論」という言葉は、西欧の思想界では非常に頻出する用語ですが、日本ではあまり使われません。フランクフルト学派というもの自体、はっきりと表に出て議論されることもありません。

それはなぜでしょうか。日本国憲法が「社会主義革命憲法」だからに他なりません。この憲法があれば、つまりそれが〝国家転覆〟を規定しているのですから、追加で語る必要がなく、それ以上頭を使う必要がないからです。

特に、憲法九条が、「批判理論」とフランクフルト学派の思想を代弁してしまっています。さらに言えば、隠れマルクス主義を、二重にも三重にも隠すかたちで宣言してしまっています。

そして、「言の葉」の日本の伝統（多くの国民）は「こと」を選んで具体的には淡々と軍備を行い、西欧型のリベラルは「葉」にこだわって、言語による批判に相変わらずしがみついています。これが今の日本の状況です。

無知で恥知らずな日本のリベラル

戦後20年間くらいは、日本国内でもストライキやデモが頻発しました。昭和27年（1952）5月1日の皇居外苑で発生した「血のメーデー事件」、昭和34～35年（1959～60）の国会を取り囲み、国会突入まで行った「安保闘争」などがその代表でしょう。しかし、彼らは決してその後の方策を持っていませんでした。それが「批判理論」だったからです。

当時はまだソ連が存在しましたから左翼リベラルということになりますが、リベラルはあたかも革命状態を生きたつもりでした。しかし、実際には少しも実効せず、すべては自己満足でした。「批判理論」はそうしたものです。

戦後、「革命運動」と呼ばれるものが継続はされましたが、すべて失敗し、一方ではソ連が崩壊して左翼はその根拠を失いました。リベラルはあらゆる点で壊滅状態にあります。

根拠を失うことで、年々左派言論は弱くなってきています。また、インターネットの普及をもって、物理的にも左派が得意とする言論を一色に演出する戦略が不可能になりました。

日本のリベラルは、今も生き続けてはいますが瀕死の状態です。しかし、戦後70年間、現在に至っても、憲法は改正されることなく存在し、戦後の2年間でGHQが構築した体制が続いている以上、いまだにOSS「日本計画」の支配下にあることもまた確かなことです。

政治の世界であれば民進党、一般の情報世界であればマスコミ、そしてそれらを主導すべき知的世界においては大学と知識人が相変わらずリベラルを気取り、リベラルの思想をふりまいています。

そのほとんどは、フランクフルト学派や戦後西欧の左翼思想の変形です。オリジナルの在《あ》りかも知らないまま、変形の受け売りに終始していること自体も恥と思うべきですが、実際的な側面から見ても、それらの思想は実効力を持つことができずに来ました。

「リベラルはまったく無駄なことをやってきた……」という虚しさを、日本をはじめ世界中の一般の人々が少しずつ気づいてきたのです。

第三章

美術、小説、映画、音楽……なぜ今の芸術は「反体制」「反権力」をありがたがるのか

I　衰退し続ける芸術

「印象派」というリベラリズム

美術は思想を先駆します。美術に出てきたことが、次に言語の思想になって現れます。たとえば、印象派の絵画は「神は死んだ」というニーチェの言葉に先駆しています。

印象派とは何かと言えば、「あらゆるキリスト教的主題や神話的主題、つまり伝統文化における主題の否定と削除」に特徴を持つ絵画の潮流です。結果として印象派が何を描くかというと「風景」を描きます。人物も形だけになります。

印象派は、日本の浮世絵に大きな影響を受けたことで知られています。これは、印象派の画家たちが「浮世絵には風景だけが描かれている」と勘違いした結果です。

日本の浮世絵にはすべて「題（タイトル）」が付いていますから、すべての絵には「伝統的な意味」があります。その日本語が西洋人には読めなかっただけのことですが、浮世絵の場合には、富士山には富士山の伝統があり、土地への愛着というものが浮世絵師に風景を描かせています。

印象派が描くのは「意味のない」絵画のみです。同じような風景、雪景色、太陽……。『睡蓮』連作のクロード・モネ（1840〜1926年）などはその代表格でしょう。ポール・セザンヌ（1839〜1906年）の『サント・ヴィクトワール山』も有名ですが、セザンヌは山に関心はありません。そこに形があり、色があればいいのです。

印象派は、伝統と文化を否定しました。それは大きな変化であり革命でした。1871年のパリ・コミューンの樹立と時期を一つにしています。パリ・コミューンは72日間と短命でしたが、無政府主義者を含む世界初の社会主義革命政権でした。

印象派の最年長者カミーユ・ピサロ（1830〜1903年）はユダヤ人ですが、無政府主義者だったことでも知られています。自らの伝統を持たないディアスポラ（移民）であるユダヤ人が指導的立場をとり、画家として活躍し、ユダヤ人の画商たちがブームをつくるのが印象派の枠組みでした。

私は決してユダヤ人を悪く言っているわけではありません。彼らがリベラルの傾向を持つのは、その歴史から当然のことだと理解しています。

西洋はユダヤ思想を全面的に受け入れていき、そうした流れの中で、いよいよ登場するのがパブロ・ピカソ（1881～1973年）です。

ピカソは、「意味」だけではなく、遠近法や陰影法など、過去の絵画が積み上げてきたあらゆるトラディショナルな手法、描き方を拒否しました。単に平面的に描くピカソの絵画は、浮世絵に似ているところもあります。1907年の『アビニヨンの娘たち』が有名ですが、描かれている女性たちが、どんな女性なのか、いったい誰なのかはわかりません。「単なる一般的な女性が描かれている」としか言いようのないのが『アビニヨンの娘たち』です。

「ロシア革命」の年に発表された、デュシャンの『泉』

「伝統と文化の否定」という観点で、最も重要なのはマルセル・デュシャン（1887～1968年）です。デュシャンは1917年、ニューヨーク・アンデパンダン展に『泉』というタイトルの作品を出品します。

『泉』は、既製品の陶器の男子用小便器に自分の名ではないサインをし、横に置いただけのものでした。２００４年12月、イギリスの美術関係者５００人が、20世紀で最も影響力のあった芸術作品というテーマを掲げて選定したことがありますが、その第１位に選ばれています。

便器を横に置くとはどういうことでしょうか。横に置いたために、便器は機能を失っています。汚い――、誰がつくったとも言えないものがあるだけです。つまり『泉』は、あらゆる芸術的要素を否定しています。

『泉』は、それ以降の、〝文化の破壊〟をテーマとする芸術の原点になりました。発表された１９１７年は、「ロシア革命」が起こった年です。ロマノフ王朝という伝統的社会の破壊という点で呼応しています。

プロレタリアート独裁政権下で、レーニンに続きスターリンもまた、完全に独裁色を強めていきます。ナチス・ドイツ以上の「全体主義」となって、政敵をどんどん粛清、つまり殺していくという事態になりました。

これがリベラルの目指す社会主義の現実ということなのですが、『泉』以来、美術という文化の世界でも同じようなことが起こりました。伝統を徹底的に否定し、これまでの文化を破壊することに終始するようになります。しかし、美術の世界では人を殺すような事態にはなりませんから、大目にみられます。

伝統の否定と文化の破壊を、多くの人たちはかえって新しい文化の誕生として歓迎しました。が、私はこれはもう殺人に近い行為であると思います。

それまでの文化を否定する、殺すことで何が出てきたかと言えば、「物質主義」です。

本来、自由なはずの「表現」が不自由に……

日本では、1960～70年代に「もの派」と呼ばれる潮流が生まれました。物体そのものを作品とします。伝統と文化が入ってきてしまいますから、何も装飾を加えないし、加工もしません。

たとえば、岡本太郎（1911～96年）は、いろいろな要素をくっつけようとする作風について批判されました。現代美術は、「岡本太郎は否定しなければならない」と言うのです。

エリートや権力、権威といったことが、芸術には一切ないかのように振る舞われてきました。「もの派」はまさにその潮流でした。文字通りの物体であり、意味のあることの一切を否定してきたのです。

今もまだその潮流の中にあり、がらんとした体育館のような場所が、芸術の空間としてもてはやされます。がらんとした空間に、どこにでもあるような椅子を置き、統一感のない机やテーブルが置かれます。

昔であれば、それは「薄汚ない」とされました。今は、「薄汚なさをそのまま出すことが現代的である」とされています。現代美術を見ていると、それがよくわかります。

そして、そこに関わる人々も、「エリート主義批判」を掲げて、「伝統的な美意識を否定する」という意識を過剰にしています。たとえばそれは、前述した「ネクタイの着用を拒否する」といった風潮に表れます。芸術の世界にも、リベラル思想が蔓延しているのです。

２０１２年の「国際美術史学会」は、ドイツのニュルンベルグで開催されました。そのときの学会テーマは「Ｔｈｅ Ｃｈａｌｌｅｎｇｅ ｏｆ ｔｈｅ Ｏｂｊｅｃｔ（物の挑戦）」でした。

「オブジェ」という切り口だけで、芸術を見ようとするテーマであったため、私が前から想いをあたためていたドイツの巨匠アルブレヒト・デューラー（ニュルンベルク生まれ。１４７１〜１５２８年）の発表は拒否されてしまったのです（同学会開催前まで私は日本代表委員でした）。

私はそれまで国際美術史学会の副会長もしていたのですが、この拒否は意図的なものでした。この発表拒否は「権威」の否定です。それは2000年のロンドン大会で、ミケランジェロ（1475～1564年）の発表を拒否されたことによっても明らかです。デューラーもミケランジェロも共に美術史の〝権威〟だからです。

こうした研究では「カルチュラル・スタディーズ」、つまりその作品が物質としてどのように生まれてきたかを研究することしかできません。芸術の内容を見ることは、リベラルの名のもとで、あらかじめ拒否されています。とんでもないことです。

文化研究に限らず、あらゆる表現の場で、こういったことが意味ありげに行われています。リベラルは「あらゆることから自由である」ことを主張し、特に「伝統的な思想から自由であることに意味がある」とし、「既存の文化を破壊することが重要である」とします。破壊そのものに意味があり、破壊する対象となる伝統や文化への評価は、破壊の邪魔になるので拒否されます。

こうして、美術にしても小説にしても映画にしても音楽にしても、「いかに破壊するか」というアイデアのみに縛られていくのです。

「世界遺産」と「世界の記憶」

しかし実際には、リベラルの思惑は決して実現することなく、伝統と文化は相変わらず私たちになじみがあり欠かせないものとして、続くものは続いています。

シリアなど中東地域でテロリズムによる遺跡破壊が問題になっていますが、物理的に破壊され、何もなくなっているかと言えばとんでもない話で、一部はちゃんと残っています。多少は破壊されても建て直すことで、伝統と文化はしたたかに続いていくものです。

現在のリベラルの状況を考えるうえで、各国とも「文化遺産は重要だ」と考え始めている現象はとても面白いと思います。リベラルの考え方とはまったく矛盾しているものが、「観光事業」の目玉になってきています。

人々は、伝統と文化を知りたいし、見たいのです。リベラルが提示する貧寒とした現代文化など誰も関心を持たないし、見に行きません。グローバリゼーションのもとにつくられているために、どこに行っても変わらない街並みや景色……。今、十億以上の人々が伝統と文化を求めて旅行していることは事実ですから、間違いのないことです。「世界文化遺産」の流行には、このような背景があるのです。

しかし、日本にはそれを見せないようにしてきた経緯があります。日本の文化行政も、リベラル思想に多大な影響を受けています。大学左翼の教育を受けたリベラルが、批判の対象としてのみふさわしい文化を選び、差し出してきました。

ユネスコ（国際連合教育科学文化機関）が主催する事業として、世界文化遺産に並んで、1995年から「世界の記憶」の登録が始まっています。2015年、中国政府による南京事件資料の登録申請が通過したことで話題になりました。

ところが日本は、よりにもよってとんでもない申請をしています。福岡県の画家が描いた、数百枚の筑豊炭鉱画と日記です。「炭鉱労働者がいかにひどい状況で働いていたか」という記録を、日本の文化庁自らが2011年に申請し、登録されました。記録的価値があっても、文化的価値はありません。

今、ユネスコに登録されたり、また申請を予定している日本の文化遺産は近現代、明治以降の「産業遺産」に偏っているようです。ほとんどがユネスコにも蔓延しているリベラル傾向を前提に、「労働者への弾圧記録」としての評価を頼りにしているようです。

「負の遺産」としてとらえられることを、前提としてしまっているのではないでしょうか。

なぜ原節子は俳優をやめたのか

日本で唯一のル・コルビュジエ（1887～1965年）の建築作品である東京上野の国立西洋美術館が、2016年の7月、世界中に存在するル・コルビュジエ建築群のひとつとして世界文化遺産に登録されました。私は国立西洋美術館に勤務経験があるので知っていますが、ル・コルビュジエの建築は日本の気候風土には合いません。コンクリートの打ちっぱなしを特徴とした工法は、すぐに日本建築家に真似されました。安藤忠雄（1941年～）はそれで有名になりました。しかし、代表作の瀬戸内海に浮かぶ離島・直島にある「地中美術館」（香川県直島町）は息苦しい限りの閉鎖的空間で、ますます日本的ではありません。

笑い話ではないですが、ル・コルビュジエの建築が注目されて以降、日本の建築家が建てるものは雨漏りがするようになってしまいました。

これは、グローバリゼーションの失敗例です。西洋からの評価を期待して、日本の気候風土を度外視しています。建築は芸術ではありません。風土に合った機能的な造作に優れていなければ建築とは言えません。

新奇な恰好をしていれば何か素晴らしい建築のような、そういう風潮になってしまったのは、実を言えば、絵画や彫刻などの美術が完全に衰退してしまっているからでもあります。需要の続いている建築だけが造形の分野で突出してしまい、建築家が不必要に胸を張り始めたのです。

しかしそれは、「人間倉庫」が乱立しただけのことです。ガラスばりで四角く、個性も何もない倉庫の群れです。これらも皆リベラルの、伝統文化からの自由という思想のもとででき上がってしまった状況です。

リベラルの台頭で、いわゆる本当の芸術家は皆、創作をやめてしまいました。名女優・原節子（1920〜2015年）が俳優をやめたのも、周りの人間が左翼だったからです。

原節子は1937年公開の日独合作映画『新しき土（邦題）』に出演したことがあります。この合作映画製作の背景には、「日本とナチス・ドイツの親睦」という政治的な意図がありました。

終戦直後はまだよかったのです。だんだん、頭でっかちの左翼が周囲に増え、批判ばかりを聞かされることになり、原節子は耐えきれなくなったのでしょう。そういう見方をすることが必要です。

戦後のイデオロギーに封じられた藤田嗣治

生涯のほとんどをパリで過ごした画家・藤田嗣治《ふじたつぐはる》（1886〜1968年）も、原節子と同様のプロフィールを持っています。大東亜戦争中に一時帰国していた藤田は、陸軍報道部からの依頼を受けて戦争記録画を描きます。

そのために藤田は戦後、新聞紙上などを通じて、同じく画家の宮田重雄（1900〜71年）、日本美術会書記長であり共産党員だった内田巌《うちだいわお》（1900〜53年）などから批判を浴びました。「戦時中は軍に同調して翼賛的な絵を描き、戦後は進駐軍に取り入って米軍のための絵を描こうとしている」と、藤田は非難されたのです。藤田は再びパリに戻り、後には帰化して、二度と帰国しませんでした――。

藤田は日本にいて、日本の絵を描くべきでした。藤田は世界各国、日本各地を回っていて、秋田県に残る巨大壁画など、いい絵を描いています。それが、すべてを捨ててフランスに入り、カトリックの洗礼を受けて「レオナール・フジタ」となり、キリスト教に合わせた絵を一生懸命に描きます。

しかし、故郷を描けない芸術家はみじめなものだと思います。可愛い少女、教会の建物などを藤田は熱心に描写しましたが、フランス人には無視されてしまいました。芸術家としては悲惨だったと思います。藤田が最も良かったのは、戦前の日本的な題材を線で描いた裸婦の絵であり、秋田の絵です。

このように、リベラルのイデオロギーのもとで、芸術が衰退し、死んでいった事実があります。ここに典型的に示されるように、戦後のリベラリズムは、文化を創造することはありませんでした。

リベラル文化はインテリのすさびごと

社会主義に創造的なものは何もありません。その空虚さと、文化の衰退ぶり、人間の衰退ぶりを考えなければいけないと思います。マルクス主義は何もつくらず、否定だけを行う思想です。

芸術というのは、19世紀までは歴史を持っていました。しかし、20世紀から過去の否定が始まりました。そのような状況になったからには、芸術はあるところ、ある時代で良いものがつくられてしまえば、そこでもう一旦、つくることをやめてしまっていいのだと私は考えています。それぞれの時代を語れているかどうかが今は重要です。

戦後すぐの映画のように、左翼が好む「否定」が物語をつくっていた時代はまだいいのです。それ以降は同じテーマの繰り返しになり、どこかで観たことがあるような映画ばかりになりました。

一度観たことがあるような映画であれば、それはオリジナルのほうにはるかに価値があるわけです。なぜなら、その時代の真実に迫っているからです。

1980年代あたりから、いわゆる「サブカルチャー」と呼ばれる、マイノリティにスポットを当てた文化が主流になってきました。「本物」をつくることができなくなったからです。

世界中がそうなりました。否定が先行する意識にも、実はそこには創造的な意味もあるのです。時代の真実を表現している場合もありますが、結局、コンセプチュアル・アートにしても、もの派にしても、「インテリのすさびごと」と言ってもいい――、そんな程度のものでした。

反体制、反権力をありがたがる風潮とは、第一章で詳しく触れた、隠れマルクス主義であるフランクフルト学派の「批判理論」に、まんまと釣られてしまっている状態のことを指します。同じくインテリのすさびごとであり、「軽い」と言われた時代を象徴しており、それは今も変わらず続いています。

Ⅱ　リベラリスト・丸山眞男の限界

戦後日本の文化風潮の根幹を築いた丸山眞男

「反体制」「反権力」をありがたがる風潮は、「批判理論」の思惑通りの展開です。そして、その基盤を日本につくりあげたのが、戦後日本を代表するとされる政治学者および思想史家の丸山眞男《まるやままさお》（1914～96年）です。

丸山は、日本国憲法起草にあたっての東京帝国大学憲法研究委員会委員でした。60年安保闘争を支持し、戦後民主主義をリードする知識人と評されたことで知られています。

丸山は、1933年、旧制一高在学中に唯物論研究会の講演会に参加して、本郷の本富士警察署に勾留され、特高の取り調べを受けています。丸山は、非常によくマルクス主義を勉強し、その理論を知っていました。

丸山自身は「マルクス主義者ではない」と言っていますが、彼はマルクス主義者であると言っていいでしょう。

丸山はこう述べています。

《マルクスの考えたマルキシズムは、資本主義が高度化して社会的生産と私的所有の矛盾が最高度に達すれば、極端に名目化した私的所有を、社会的所有に移すということは、実質的に社会化されているその実態をそのまま形式の上にも表現すればいいので、そこには政治的には摩擦はあるが、いわば社会的ロスを伴わないで社会化できる、もちろん階級闘争を通じてではあるが、社会生産力を損なうことなく、社会的な荒廃を来すことなく、そのまま社会主義化するという一種のオプティミズムがあったことは間違いないと思うのです。そういう意味で最も資本主義の発達した西ヨーロッパにコンミュニズムの到来を期待したわけです》(『丸山眞男回顧談』岩波書店)

丸山は、社会主義を一生懸命に勉強し、若いときの理想としていました。しかし、戦後、ソ連の実体や社会主義自体の動き方をみて、基本的には、政治的な革命から文化的な革命にシフトしました。

「労働者革命」から「文化革命」へ

丸山は、戦前はおそらく「労働者革命で社会が変わる」という一般的なレーニン主義を考えていたのだろうと思います。それが戦後、「文化的な意味での変革、プロレタリアートではなく、人間の自己否定を含む一般市民の変革（自己変革）で社会が変わっていく」という主張に変わりました。

注目されるのは、自己否定を含む「自主性」「主体性」を丸山が主張しているということです。一般市民が自己否定することが重要だとしており、ある意味では一般市民が精神的にプロレタリアート化することで革命が起こるのではないかという考え方に変わってきています。

つまり、プロレタリアートの暴力革命ではなく、一般市民の自己否定による革命あるいは変革を期待しています。この考え方はフランクフルト学派の考え方とまったく同じであると言っていいでしょう。

丸山がフランクフルト学派に言及しているわけではないようですが、時代的には、フランクフルト学派の学者陣と活動時期が一致します。また、「自己否定」とは「批判理論」に他なりません。「否定的弁証法」ということを、フランクフルト学派のアドルノもホルクハイマーも盛んに言っています。「常に否定することによって、現状は変わっていく」という考え方です。丸山の考え方も、これとほぼ同じです。同時代性があり、ほぼ同じことを主張します。丸山はおそらく、フランクフルト学派の著作を読んでいたと思います。

丸山が戦前の活動において影響を受けていたという「講座派（『日本資本主義発達史講座』を執筆した野呂榮太郎らを中心とするマルクス主義者一派）」は、二段階革命論を主張していました。すぐに革命などは起きず、第一段階目として市民革命がまず起こり、資本主義の矛盾が大きくなったときに、第二段階目として、一般の労働者だけではなく、学生や知識人、あるいはサラリーマが感じる疎外感、自由を奪われている抵抗感から社会主義に転換するという錯覚と幻想です。

丸山もだいたい同じ考え方で、次のように述べています。

《マルクス主義のなかにある最良の思想は何か。マルクスにとって、プロレタリアートというものは、ちっとも美化されていない。プロレタリアートは、まさに、現代社会における疎外の集中的表現なのです。自分一人で人間の自己疎外の、いわば罪を背負っている人間なんです。だから、自己否定を通じてでなければ、社会をトータルに変えられないようなものです。それは両方から言えることで、社会をトータルに変えることとは、同時に、自己を否定することなんです。プロレタリアートは、自己否定の集中点と言える。集中点であるところから出てくる強烈なパトスというものが、全社会を変革して行く論理になるし、また情熱になって行くということだと思います》(『丸山眞男集』岩波書店)

丸山がいかにマルクス主義を賛美し、フランクフルト学派的になっていたかがわかると思います。

「リベラリスト」は「マルキスト」である

丸山はマルキストではなく、リベラリストだと評される場合があります。

リベラリストとは、姿を隠したマルキストのことです。単純にマルキストと言うと、あまりにも過去のものになり過ぎたと思われるので、リベラリストと言い換えているに過ぎません。

丸山は、《自己否定を通じてでなければ、社会をトータルに変えられない》とはっきり述べています。では、いったい何を否定するのか、否定すべき自己とは何なのか、と言えばよくわかっていません。いずれにしても、自分の、ブルジョア的な、あるいは、現状に満足している自己をとにかく否定していくという考え方をしています。

昭和23年（1948）、岩波書店の『世界』という雑誌に掲載された「唯物史観と主体性」と題された座談会記録で、丸山はこう述べています。座談会が、フロイト派心理学の論文を取り上げたことについての評です。

《ぼくなどが主体性の問題と考えている問題と、この論文で扱っている問題とは、問題の提起の仕方がまるで違います。ここで取り上げられている対立は、物質的・経済的なものと心理学的なものとの対立で、サブジェクティブといっても心理学の対象となるようなものをいっているのです。問題はここでは、心理学的なもの――あるいは更にその基礎にある人間の生理的な地盤――から生じるいろいろな条件が生じる人間を闘争に駆り立てる、人間を決定する、という見解と、それからもっと社会的・経済的なものが人間を決定するという見解と、この二つの見解の対決になっているんじゃないですか》

丸山は、「心理的なものと社会的経済的なものは齟齬《そご》したり対立したりするが、基本的には、資本主義における疎外の影響をすべて受けている」ということを前提にしているわけです。「フロイトの考え」と「マルクスの考え」を一括にしたフランクフルト学派の「疎外」のそれです。

「日本には〝主体性〟が根付かない」（丸山眞男の言葉）

丸山は、「日本には主体性が根付かない」ということを言いました。丸山はよく戦前の軍部を引き合いに出します。

「ヒトラーやゲッペルスをはじめ、ナチスの人間はしっかりとナチズムを、あるいは民族主義、アーリア人の優越性をはっきりと説明し、自己の責任をとった」と丸山は論じます。「言論をしっかりと述べて、それが主体性となって、ファシズムをつくった」ということです。

そして、丸山は「ところが日本では、東條英機《とうじょうひでき》（1884〜1948年）を長とする軍部は、そのような基本的な自分の主張をしない」と言いました。自分で責任をとろうとする言論がない日本社会を、丸山は盛んに批判します。

「主張をしない」ということから始まり、「なぜ日本には思想がないか」という問題を丸山は論じます。丸山はその原因を、「日本の〝土着主義〟にある」と言い、「古層」という言葉を使って説明します。

丸山の観点は、「なぜ日本はこんなことになったのだろう?」ということです。外側からの視点です。丸山は、自分があたかも西洋を身に着けたような、そのために自分の思想は「客観的で普遍的なものである」という態度をとるわけです。

瑕疵を持つとされた日本文化の「古層」

さて、この丸山のとっている態度は、どのようなことから出てくるものでしょうか。西洋思想を学ぶ場合、一般的にはまず、「西洋の言語」を身に着けることから始まります。

言語を習得した後に、マルクスあるいはマックス・ヴェーバーの用語を身に着け、西洋の考え方、つまり、イマヌエル・カント(1724~1804年)やG・W・F・ヘーゲル(1770~1831年)といった西洋中心主義で語る人たちの論理を、いちおう身に着けます。マルクスはヘーゲルから、ヘーゲルはカントからきています。

そういった手順で思想系列を学ぶと、あたかも西洋思想が身に着いたような気になります。そして丸山は、そこから日本を裁断し始めるのです。

すでにそこがおかしいと私は思います。ある種の目線の高さを持とうというときの、

「それに必要な思想を自分自身は果たして持っているだろうか？」という疑いはここにはありません。「そんなものは身に着けられないし、そもそも身に着ける必要もない」という可能性などはあらかじめ排除されています。

そうしたうえで丸山は、日本が自立した思想あるいは自由、平等、博愛といった西洋の思想が身に着かないのはなぜかというと、日本文化に不適当な「古層」があるからだと考えます。ちなみに、古層は、辞書的には「物事を歴史的にみたときの古い層」という意味です。

丸山は、「日本文化には、執拗に持続する低音のような古層がある」としきりに言います。要するに、丸山学の古層とは「古来ある日本の伝統と文化、あるいは西洋とは違う考え方」のことですが、丸山はこれを肯定するわけではなく否定します。ここが問題です。

「なる」文化は悪い文化か

丸山は『古事記』および『日本書紀』を分析し、「ここには〝通奏低音〟がある」とします。簡単に言えば「日本人が持っている伝統的意識」ということですが、彼は

「執拗に繰り返される低音音形がある」というのです。

つまり通奏低音とは、日本人が持っている、日本人であることの所以《ゆえん》です。個人主義を主張しない日本人の、そのもともとの姿はいったい何なのかを調べ、ひとつの結論を出すわけですが、丸山はこれを批判的にとらえます。「それを打破することが、新しい、戦後の生き方になるはずだ」としました。

さらに丸山は、日本の神話から「つくる」とか「うむ」という能動的な言葉と、自然に「なる」という受動的な言葉を抽出します。そして、日本は「なる」文化だとします。

「つくる」が西洋の論理で、「なる」が日本の論理です。「いつのまにか、なる文化」が日本の文化であり、「主体性がない文化である」という考え方をするわけです。

それが通奏低音としてあり、日本には「なんとなく誰も責任をとらない状況が生まれている」とします、特に政治の分野では、誰かが責任をもって命令するのではなく、下から上がっていきます。天皇は何をするかというと、下から来るものを聞し召して、詔《みことのり》にして命令します。

「誰も責任をとらず、なんとなくなっていく、という作業を日本は行ってきたのだ」、と丸山は分析しました。

この分析については、私はそんなに間違ったことではないと思います。しかし丸山は、なぜそれを肯定しないのでしょうか。なぜ否定的にしかとらえないのでしょうか。今の国際政治においては、その日本特有のやり方のほうがむしろ正しいとみることもできます。日本は古くより、ある意味その方法で成功してきました。丸山がここに日本の成功を見ることはありませんが、私はこれがいちばん正しいやり方であると考えています。

「日本思想」をとらえそこなった丸山学

日本の思想の根本は、「自然道」です。なにごとも自然に「なる」、「なっていく」というのが最も正しいという論理です。ですから、日本人は基本的に「上からああしろ、こうしろ」と頭ごなしに指図されると動きませんし、あるいはそうしたところで事が動いても不自然なものになって安定しません。

これを駄目だとする場合、「正しい世界はイデオロギーでつくるもの」ということになります。そして丸山は、そう考えています。「それこそが近代人の世界だ」と考えているのです。

この考え方は、保守勢力にも多く見られます。「なっていく文化」は否定的にみられがちです。「日本には、偉大な思想家がいない。偉大な政治家がいない」と嘆くわけです。

しかし実を言うと、偉大など称されるような人たちは間違うことが多いということを、日本人は知っていました。だから、政治家に過大に期待するような、政治家に思想を求めるようなことを日本人はしてきていません。

「イデオロギーででき上がる世界などありえない」と、日本人は考えてきました。非常に達観しており、私はここそ重要だと考え、日本人はたいしたものだと思います。

丸山は、古層の研究の中で、『古事記』の「天地初発」について、神や人間が起こすのではなく、天地がなにかのうちに起きてくるということを指すと説明しています。私は、これは、正しいと思います。

世界は〝神〟がつくったものではない、〝意思〟がつくったものではないということを日本人は皆知っています。日本に全人口の1％ほどしかキリスト教徒がいないことのひとつの理由は、多くの日本人が、キリスト教の「神が自然もつくり、人間もつくったという考え方は嘘だ」、あるいは「そういう考え方は嫌だ」と思っているということにあります。世界に、キリスト教徒が1％しかいないというのは、文明国では日本だけです。

そのことの重要さを丸山はわかっていません。丸山は「西洋思想を理想化はしない」と言いながらも、「西洋にしか物事を解決する思想はない」と錯覚しています。この錯覚が、日本の思想を丸山がとらえそこなった原因だと私は思います。

現代科学の見解と一致する「天地初発」

『古事記』にあるように、「天地初発」でいいのです。実を言えば、この考え方は現代の科学にも一致しています。

たとえば科学は、「ビッグバン現象」にしてもそうですが、宇宙の解明を一生懸命やっています。解明はついていませんが、少なくとも、『古事記』が言っていること、天地初発を追求しています。

宇宙は膨張し続けているわけですが、では、膨張の起点はどこかというとまだわかっていません。『古事記』は、感覚的な自然の観察です。それこそが日本の自然観というもの、人間の考え方の基調になっているということです。

気づくべき材料を知りながら、気づくべきことに至っていないということが問題で、私はここに丸山の限界があると思います。リベラリズムという言葉は使っていませんが、丸山の言う自由は西洋の自由であるということなのです。

丸山は、キリスト教あるいは古代中国、古代インドの思考方法を、日本と比較することで解明しようとしています。「キリスト教というのは、やはり〝十字架〟が非常に象徴的だ」と言っています。

丸山は、十字架にかけられたイエス・キリストは、歴史的時間において生じた人間であるとします。「神性の強調」あるいは「人間の強調」により二元論になってしまってはならないとし、イエスはあくまで神人であって、ただひとりしかいない史的な存在、歴史上の個性としてとらえるべきだと考えます。

そのうえで、丸山は「西洋にはこういったかたちで個人がおり、個の概念があるが、日本にはなさすぎる、あるいはまったくない」と考えます。

「日本は天地初発で、天地が最初に動いているものだから、そこに、個人あるいは人間の決断、神の決断といったものがどこにも見えない」というわけです。確かに日本の神話を読むと、神々は出てきますが、なっていくのを見ている――、そういう存在に過ぎないということが多いのです。

そして、ここには「国民が能動的であるべき民主主義体制の問題」が、当然出てきます。丸山は、「日本の歴史は海外思想の摂取の歴史だった」と規定するのです。

「思想は言葉である」という誤解

丸山にとって、「思想は外国からくるもの」なのです。日本は天地初発ですから、自然に動いていくだけであり、思想を自立して持つ姿勢がないというわけです。

私は、これもおかしいと思います。丸山は、言語化されたものだけを思想だととらえています。思想とは、突き詰めると「人間の生き方の表現」ということになります。言葉で尽くす必要はなく、人間の行動は、その人の生き方を示します。

体で感じて体で対応していくことは非常にエネルギーがいりますから、書斎で言葉によってまとめられたようなことが、簡単に行動に移されるわけではありません。本来の思想というのは、「体の思想」「行動の思想」であって、言葉では、ないのです。

理念、つまり言葉があって人は動くという考え方は、西洋からきたものです。その考え方に沿えば、すべてイデオロギーをもって行動することが理想となります。

ところが人間の実際はそうではなく、様々な状況の中で、考えていきながら行動していくわけです。思想というのは、必ずしも書かれたもの、言葉で表現されたものでではありません。

丸山はここでも錯覚しています。理念がないと動いてはいけない——。言語化がしっかりしていない場合、あたかもその人には思想がないかのごとくに批判します。古層を論じて、日本のことを深く勉強しながら、理解しそこなったのが丸山です。

「八月革命説」との深い関わり

丸山の思想と理論は、戦後の知識人、ひいては社会全体に大きな影響を与えました。丸山は東京帝国大学憲法研究委員会の委員でしたから、あたかも暴力革命でも成立したかのような印象を与える、憲法学者・宮澤俊義《みやざわとしよし》（1899～1976年）の「八月革命説」にも深く関わっています。

八月革命説とは、日本国憲法成立の法的正当性を学界の立場で理論化したものです。昭和20年（1945）8月のポツダム宣言受諾で日本の国家主権は天皇から国民に移り、つまり「革命が起こった」として、その革命後「日本国憲法は国民によって制定された」というのがその概要です。

確かに戦争で負けたということは暴力で負けたということですが、負けたかどうかというのも問題であると私は考えています。

「大日本帝国憲法」（いわゆる明治憲法）は続いていて、天皇は断罪されていないわけですから、国体は守られていることになります。軍隊だけは確かに降伏して撤退しましたが、国体はそのままです。

明治憲法に明文されている通り、天皇は明らかに元首であり、軍隊の統率者、統括者です。したがって西洋的原理でいえば、あきらかに天皇は戦争責任の中心です。

ですから、東京裁判では、ほとんどの国の裁判官は「天皇を引き出せ！　断罪せよ！」と言いました。アメリカがそれを抑えたのは、前章で触れた通り、ＯＳＳがはっきりと、「天皇は象徴として残す」としていたからです。そこには「天皇と軍部を対立させる」という、ひとつの謀略がありました。天皇を利用して軍部を無力化し、二段階革命を起こす計画です。

丸山は、あきらかに、二段階革命の第一段階目にあたる「市民革命」という部分に同調しています。次の労働者革命を予知し、戦後の日本社会をそのように導こうと考えていたことが見えてきます。

ＯＳＳ「日本計画」はアメリカの国策が反共産主義に転換することで消滅しましたが、革命軍の鎮圧軍となるべき軍隊は持たないとした日本国憲法だけは残りました。

しかし日本は、自衛隊というかたちで軍隊を保持し続けます。憲法九条に関する議論は、右記のことを踏まえて考えられるべきです。

“自然”が日本思想の中心

丸山学のもうひとつの欠点は、「自然」という問題を検証していないことです。自然信仰が強く、樹木や山そのものをご神体とし、人間自体も自然的存在だと考える日本人自身の実際を見損なっています。

日本人は神を「柱」として数えます。柱とは、すなわち「木」の意味です。自然信仰が基本であり、日本の美学は、自然と一体となることを中心とします。日本における仏教も同じです。「無私になる」「空《くう》となる」ということは自然と一体となることを指します。坐禅を組んで空になるということは、自然と体の中に風がふきぬける、無私の状態になることを理想とします。

日本の思想が中心としている自然という言葉を、丸山はとらえていません。

武士であり、仏教徒の西行（1118～90年）が、《願わくは花の下にて春死なん、その如月《きさらぎ》の望月《もちづき》のころ》と、「花の下で死にたい」などと言います。また、曹洞宗の開祖である道元（1200～53年）は、「尽十方界《じんじっぽうかい》（大宇宙と大自然）」という用語を使って坐禅の意義を説いています。

日本の思想を考える場合、自然は、はずすことのできない要素です。

Ⅲ 「西洋」という幻想

福澤諭吉の『文明論之概略』をめぐって

福澤諭吉(1835〜1901年)の有名な『文明論之概略』は、西洋中心主義の著作です。ヨーロッパを回り、アメリカを見て、福澤は「日本は遅れている」と判断し、「脱亜入欧」を主張します。

この、入欧の基本的な理論を福澤は『文明論之概略』で論じており、それが、アダム・スミスから始まる西洋文明論を主として、フランソワ・ギゾー(1787〜1874年)という思想家が述べたことが基本となっています。この著作を丸山眞男は熱心に注釈して、日本の近代化はこれに基づかなければならない、としています。

福澤は、日本の文明が西洋の文明より遅れていることを率直に認め、「遅れたままでは西洋にやられるのではないか」と言っていますが、丸山はこれを〝文化〟の問題としてとらえています。

福澤の目前には、西洋による植民地化という重要な問題が迫っていました。アメリカ、イギリス、オランダ、ドイツ、ロシア、そうした列強が日本を占領すべく盛んに軍艦を送り込んでいました。

日本は「薩英戦争」と「下関戦争」によって、「外国とは何か」を知りました。つまり、軍艦であり、軍隊であり、銃であり、組織だった戦略です。そこで持ち上がったのが「国をどう守るか」という問題で、それに答えるべく書かれたのが『文明論之概略』です。文化の問題ではありません。

福澤は、西洋の論理を入れなければ戦争には勝てないと思い込みました。西洋の軍隊組織は強いということを知った以上は、たとえば西洋のような軍隊組織にしなければやられてしまうと考えたのです。

日本の戦い方、つまり江戸時代の戦い方は、戦国時代と変わりありませんでした。国防についての考え方は、元寇《げんこう》のときと同じで「向こうが攻めてくるなら戦って勝つ」という〝専守防衛〟です。「絶対に日本は守る」という意識と方法論をもって、日本は明治維新のときも外国に相対したわけです。

西洋はそれを、「日本は自分たちを真似している」ととらえました。「日清戦争」「日露戦争」を経て、軍事大国になった日本を、「自分たちと同じ論理に立つ帝国主義国家になった」と考えたわけです。

日本人もまた、そう思いました。あるいは、「日本は最後に仲間入りした帝国主義者だ」と思わせられました。

日本は、植民地主義下の西洋のように、遠くの国に侵攻し、主権と資源を奪って統治するような植民地政策をとったことは一度もありません。たとえば満洲国の立国は、ロシアの南下に対応する国家をつくりあげることが目的でしたから、清国最後の皇帝を掲げ、満洲人のための国であることを国是としました。リットン調査団もそれは認めて、「侵略ではない」ということを言っています。

満洲建国は日本の植民地策の一歩であり、帝国主義化した日本の姿であるという見解は、後につくられたものです。「朝鮮併合」についても同じことで、日本が占領して植民地化したように戦後に仕立てられました。日本の統治方法は、西洋の植民地政策とは違います。

「シベリア出兵」にしても、革命が起きたロシアを脅威として、「共産主義化を防ぐ」という意味もありました。西洋的な「侵略」という意図は一切なく、日本は常に「専守防衛」で対応してきたのです。

大学に根を下ろした隠れマルクス主義

昭和21年（1946）、GHQは「公職追放」を行いました。戦前の帝国軍関係者を教育界ならびに財界から追い出す施策です。これによって歴史学者・平泉澄《ひらいずみきよし》（1895～1984年）のような伝統的な学者は締め出され、丸山や宮澤俊義といったリベラル思想の持ち主が大学教育の現場に蔓延《はびこ》ることになりました。

憲法は改正されず、丸山をはじめとする、いわゆる進歩的とされた人々の思想が、あたかも基本的な国民の論理のようであるかのように定着してしまいました。フランクフルト学派的な隠れマルクス主義が大学を通して拡散し、「反体制」「反権威」が人間的であることの証のように解釈されることになりました。

戦後すぐの時期においては、人々の意識は戦前とそれほど変わっていませんでした。相変わらず国民は天皇を敬愛していましたし、昭和天皇の地方巡幸の際には全国各地で熱狂をもって歓迎しました。「戦争を諦めても天皇は守る」という態度は変わらなかったのです。

戦後の20年間くらいは、まだ戦前の生き方が残っていました。小津安二郎《おづやすじろう》（190

3〜63年）監督の『東京物語』は、戦後に製作されましたが、興味深いのは、親子の物語が、あたかも戦争が存在しなかったのごとく、描かれていることです。『東京物語』では、繰り返し行われてきたはずの家族の普遍的な暮らしの様子が登場し、これも普遍的な親子の様々なすれちがいが登場します。そこに戦争は登場せず、一点、戦死した息子の存在があるだけです。

どういうことかというと、『東京物語』では、戦前も戦後も、人々の暮らしは途切れることなく続いているということです。一貫して存続している日本の歴史が描かれているのです。

「民主主義」の名で展開された「社会主義」

1960年の安保闘争の頃から、〝言葉の操作〟ともいうべき、実体の薄い観念が蔓延し始めます。「民主主義」「マルクス主義」「反権力」「反体制」「反権威」「反エリート」「人権」「平等」など、フランクフルト学派的な言葉が、政治的主張としてどんどん使われてくるようになりました。

これらはすべて、戦後日本の社会主義化のひとつの方策です。戦後すぐの2年間で

GHQの具体的施策によって第一段階目を済ませた二段階革命が、次の革命をねらうという、消滅したはずのOSS「日本計画」の基本的な骨格が、どんどん展開されたわけです。

同様の展開は、実はアメリカでも起こっています。潜在的な社会主義化あるいは左翼化が、あたかも「民主主義」の名で展開しました。「リベラル」あるいは「リベラリズム」という言葉は、まさにそういう意味で使われるようになった言葉です。

今までのように「社会主義」や「共産主義」といった用語は使われません。民主主義と言えばすべてが正しいことになり、それに仕えるリベラル、自由主義だということになれば、これもまたすべて正しいということになりました。日本もまったく同じ状況です。

しかし、これは言葉だけの問題です。伝統的な家族、自然信仰、お盆になると必ず墓参りするといったような祖霊信仰、天皇への崇敬など、露骨なかたちで現れなくとも、日本人の感覚は、いまだに変わりません。

神社仏閣は約16万あり、約5万5000店のコンビニエンスストアの数をはるかにしのぎます。日本は伝統の力か、まだリベラルに対抗できる力を持っているのです。

日本人が西洋を追体験する必要はない

「伝統」は、潜在的にはずっと続いています。しかし、そこに「変革」をイメージさせる西洋の言葉が降り積もりました。憲法九条が、すべてを守護する基本のように意識操作されたのは、社会主義革命を起こすためには、軍隊なき日本が必須の条件だったからです。

次章で詳しく触れますが、明治時代の人々は「自由」という言葉を口にすること自体が、西洋的な近代化のひとつであると思いこみました。日本に自由はないし、これまでもなかったと錯覚したのです。

戦後においても、同様の現象が起こりました。「リベラル」という言葉を使うことによって、あたかも日本にはなかったものを与えようとする——、そういう考え方を、日本の知識人は一貫して持っていました。私は罪ばかりだと思いますが、特に丸山の功罪には注目すべきだと思います。

丸山は、簡単に言えば「西洋コンプレックス」の塊《かたまり》であり、明治以降の知識人の典型です。西洋に「近代」があり、それを追従しなければならないと思い込んでいます。

さらに丸山がコンプレックスを感じたのは、「マルクス主義思想」に対してでした。マルクス主義に親しむことで、日本を批判し、否定する方向に向かいました。今の日本のアーティストや作家、俳優、映画監督、ミュージシャンなどが、「反体制」「反権力」をありがたがるのはこれが源流です。

丸山は、日本という国、文化、伝統を否定的にみる習慣を、戦後の日本人に与えました。「日本の敗戦」ということを強調することによって敗北感を与え、戦争の加害者意識を強く植え付けることも同時に行いました。

GHQのWGIP（War Guilt Information Program／ウォー・ギルト・インフォメーション・プログラム／戦争についての罪悪感を日本人の心に植えつけるための宣伝計画）に、まんまとひっかかった、あるいは積極的に協力したのが丸山です。丸山は、WGIPを理論化して、知識人、学生に訴え続けました。

丸山に代表される「日本否定」の見方を、私たちは完全に変えていかなくてはいけないでしょう。

「西洋」というものに対する凝視が必要です。「近代は西洋でつくられたものである」という西洋の幻想を、私たち日本人が追体験する必要などないのです。また、できるものでもありません。

第四章　「リベラリズム」の呪縛から解かれるために

Ⅰ　「自由」について

西洋の「自由」は好ましく、良いもの

私たちは、しきりに「自由」という言葉を口にします。本書でこれまで繰り返し触れてきた「リベラル」「リベラリズム」の呪縛から解かれるためには、この自由という言葉をどうとらえるかが核心となります。

「日本の自由と西洋の自由はまったく違うこと」、そして「日本人には西洋の自由はまったく必要がないこと」を、まず整理していきたいと思います。

リベラル、リベラリズムのもとである、「リバティ（liberty）」と「フリーダム（freedom）」が、日本語でいう「自由」にあたります。もちろん、西洋の言葉で、両方ともだいたい同じような意味を持っていますが、問題はこれらの言葉が与える印象、ニュアンスです。

フリーダムの形容詞形「フリー」は、古英語の「フレオ」、あるいは古インドヨーロッパの「フリジョス」、ドイツ語の「フリアス」などと関係を持っています。そして、これらは皆「良いことである」という意味を含んでいます。「愛する」とか「好む」とか、そういう意味合いがあります。

リバティの起源はラテン語の「リーベル」です。リーベルは、「社会的にも政治的にも制約されていない」「負債を負っていない」という意味です。英語となったときのリベラルも、「解放された」という意味合いを強く持ちます。

したがって、西洋で自由と言えばまず、好ましく、良いものとして解釈されます。このような傾向をあらかじめ持った言葉が、リベラル、リベラリズムの基本になっているわけです。

日本では「自由」は肯定的な言葉ではなかった

日本では古来、「自由」という言葉はあまり使われてきませんでした。なぜなら、自由という言葉は、あまり良い意味ではなかったからです。

自由が、リバティやフリーダムの訳語として、一般に使われ始めたのは明治以降です。日本初の法学博士の一人である穂積陳重《ほづみのぶしげ》（1855～1926年）は、帝国大学第二代総長だった政治学者の加藤弘之（1836～1916年）からの伝聞として、幕府外国方英語通詞長（通訳）をしていた森山多吉郎《もりやまたきちろう》（1820～71年）が最初に自由と訳したとしています。

辞書においては、文久2年（1862）初版・慶応3年（1867）正月再版訳了の『英和対訳袖珍辞書《しゅうちんじしょ》』（堀達之助編著）に、自由という言葉が紹介されています。福澤諭吉が、慶応2年（1866）に初版を出した『西洋事情』で、この訳語としての自由を使い、一般化したわけです。

さて、この「自由」という言葉が日本で古来、どのように使われてきたかと言えば、「わがまま」という意味で使われてきました。西洋とは違って、かえって否定的に使われてきたのです。

古いものでは、平安時代にまとめられた『続日本紀《しょくにほんぎ》』（797年成立）に、自由という言葉が見えますが、「わがままだ」「勝手だ」「放蕩《ほうとう》だ」という意味で使わているのです。

『徒然草《つれづれぐさ》』（吉田兼好、14世紀成立）の第60段には、《よろず自由にして、おおかた人に従うということなし》という一節があります。「勝手なことをやって人に従わない」

ということで、いい意味ではありません。

江戸時代の教育論書『和俗童子訓《わぞくどうじくん》』（貝原益軒、1710年執筆）には、《殊に高家の子は、物事豊かに自由なる故に、好む方に心早くうつり易くして、おぼれ易し》という一文があります。「家柄の良い子供は、恵まれていてあまり制約をうけないものだから勝手なことをする」という意味であり、苦言にほかなりません。このことは、畏友《いゆう》小堀桂一郎氏の『日本人の「自由」の歴史』（文藝春秋）に詳しく書かれています。

「自然の子」と「神の子」との違い

これは、何を意味しているでしょうか。西洋では、自由は「何かから解放される」という意味で、喜びのニュアンスがあります。かたや日本の場合は、しばりつけることを良しとしたので、自由と言う言葉はあまりいい意味で使われてこなかったということでしょうか。西洋で言う自由、解放される自由については、悪いことであるとしてきたのでしょうか。

それは違います。自由が日本であまり語られてこなかったのは、日本人には、自由などは自明のものとしてあり、わざわざ語る必要がなかったからです。

いわゆる自由についていては「もともと備わっているのだから、それを野放しにして勝手なことをしてはいけない。わがままに振る舞って他人のことを考えない状態になるのはよくない」と日本人は考えてきたのです。日本では、自由は人間すべてにもともと備わっているもの、かえって抑えたほうがよいくらいのものでした。

前述したように、日本の文化は自然を中心とする「自然道」です。人間は〝自然の子〟であり、そこに制約などは最初からありません。自然の子ということには、〝野生の子〟というような意味があり、したがって社会的な教育が大切だと考えます。日本人にとって人間はもともと自由なのです。野性的な意味で自由、生物的にも自由なのです。

ところが、西洋の場合、人間は〝神の子〟です。もともと持っているものは何かというと、「原罪」です。アダムとエバが神との約束を破り、楽園を追放されたところから、西洋の人間はスタートします。

西洋の場合は、人間はすべて原罪を持ち、あらかじめ制約されている存在です。神がなくてはならない存在です。子供はその制約の中で生き始めます。

原罪の意識は西洋の思想の根底に必ずあり、西洋人はそこから逃れることはできません。近代では、マルクスによって、人間は社会的に抑圧され、貧しさに苦しむ存在として定義されました。すでに述べたように、フロイトは「人間は最初から不幸である」とするエディプスコンプレックスの概念、つまり、人間は必ず母親をめぐって父親と戦わなければいけない存在であるという概念を発明して、すべての人間心理の根本に置きました。聖書の考えと通底しています。

したがって西洋では、いわゆる自由は「解放される」という意味で使われてきました。人間のもともとの状態が、日本と西洋では正反対であることから、日本の自由と西洋の自由とではまったく異なっているのです。

幕末・明治期に始まった錯覚

しかし幕末から明治にかけて、リバティやフリーダムの訳語として「自由」を一般化したことから、重大な錯覚が生まれました。日本では、自由をあまりいい意味で使いませんでしたし、なじみもありませんでした。そこに、西洋の自由の概念が輸入され、「自由」という言葉があてはめられ、そしてそれがある程度理想を意味する言葉として使われていることを知って、日本人は驚きました。

それ以来、繰り返しになりますが、「西洋には自由という理想があるが日本にはない。

日本はそれだけ遅れている」ということになったのです。日本人は、「西洋の言う自由という理想などはあらかじめ達成してしまっていること」、また、「あたりまえのことだから概念として存在していなかっただけの話であること」を横において、その日本の常識を無視してしまいました。

西洋が自由ということを言えば言うほど、「西洋には、日本にはない自由という素晴らしいものがある」という意識が強まります。それが、近代以降の日本の思想を非常に歪《いびつ》なものにしてしまいました。「自由党」とか「自由民主党」とか、自由という言葉は保守政党の代名詞となりましたが、それは西洋人向けの言葉です。

私たち日本人はもともと自由ですから、それが野放しになるのを制限していきます。家族なり社会なりは、そういう機能を持っています。

特に日本の場合は、「家族」を重視しました。「国家」は「国の家」と書きます。日本では、「家族を積み上げたうえで国ができている」と考えられているのです。家族も国も個人というものを守ると同時に、その人たちの自由については、ある程度教育していく必要があると考えるのが日本人です。

ひとりで考えるのは危険である

自由などはもともとあるものとして日本人はとらえてきたということを、私たちは、あらためて考えなくてはいけないと思います。もうひとつの例として『源氏物語』(平安時代中期成立)をみると、作者の紫式部が、自由というものは少し規制すべきだ、抑えるべきだと考えていたことがわかります。

主人公の光源氏は、いろいろな女性と恋愛を重ねます。紫式部は必ずしもそれを肯定的にとらえているわけではなく、恋愛の自由もいい加減にするべきだ、つつしむべきだというような、光源氏に対するクレームのような話題・記述がたびたび出てきます。自由というものは日本ではそのように扱われてきました。

もともとの人間観が違うことから生じたことに過ぎないのに、明治以降、あたかも西洋の自由の概念は高級であるかのように語られ始めました。自由をめぐる問題は、「西洋コンプレックス」を象徴していると言えるでしょう。

そして自由は、「自主的に」とか、「自分の考えを主張すべき」などといった意味でも使われるようになります。「他人に対する寛容を第三者が主張する。同時に、他人の権利も認めようとする」――、そういうところでも使われ始め、自由はますます正しいように見え始めました。

しかし、もともと日本は共同体意識の強い国です。「他人に迷惑をかけてはいけない」などといった考えは、「和をもって貴しとなす」という「十七条憲法」の一節に代表されるように、聖徳太子の時代から（厳密にはもっと前から）すでにあるわけです。

十七条憲法では、「和」ということをまた、「あまりひとりで考えるな」「ひとりで決断するな」「人は必ず凡夫である」という意味合いにおいても使っています。

「人は自由であるから、ひとりで考えるのは危険である」とさえ、日本人は考えてきました。それは一見、明治以降の「ひとりで考えなさい」「自立しなさい」「自尊心を持ちなさい」という考え方と相反するような響きを与えます。進歩的知識人と呼ばれる人々の伝統文化批判論は、明治以降の思想の立場にのみ立ち、一見そう見える程度のことを拠《よ》り所として批判しているのです。

「キリスト教からの自由」は日本人には無関係

明治以降、政府は近代化のために、盛んに西欧から知識人を招聘《しょうへい》しました。彼らが教えたのは、カントやヘーゲルなど、古典的リベラリズムの哲学と思想です。岡倉天心《おかくらてんしん》（１８６３〜１９１３年）や坪内逍遥《つぼうちしょうよう》（１８５９〜１９３５年）を教えた、主に美術史家として知られるアーネスト・フェノロサ（１８５３〜１９０８年）もヘーゲルの研究家でした。

カントやヘーゲルなど、啓蒙主義時代の頃の思想家が使った自由という言葉は、「キリスト教の考え方から解放される」ことを意味する自由です。つまり、「日本人にはまったく関係がない自由だった」と言っていいでしょう。

しかしこの日本人に関係のない自由の観念が、すべての人間にとって普遍的で理想的なものとして勘違いされ、広められました。それが結局、丸山眞男などを経由して現在まで続いているわけです。

今でもまだ、リベラル、リベラリズムということを言えば、高級な考え方がそこにあるように、当時の勘違いのまま思い込まされています。『リベラルのことは嫌いでも、リベラリズムは嫌いにならないでください』（井上達夫著／毎日新聞出版）などという本がありますが、リベラルもリベラリズムも、勘違いされたままの西洋の言葉ですから、どちらもたいしたことではありません。

しかし、リベラルやリベラリズムが、たとえ勘違いされたままの意味の薄い言葉であったとしても、フランクフルト学派が上陸したアメリカからリベラルという言葉があらためて日本に入り、左派勢力の言葉の体制に組み込まれた時点で、大きな問題となるのです。

日本の知識人にある「西洋コンプレックス」

フランクフルト学派の、「批判理論」を根幹とするリベラルの思想は、なんとなく、、、、「人間は自由でなくてはいけない。この社会は決して自由ではない」と思わせます。最終的には、「いずれはそれを変革しなくてはいけない。革命しなくてはならない」と思わせたいのです。

マルクスが革命主体としたプロレタリアートが理論上崩壊し、フランクフルト学派が定め直した「革命主体」である〝一般人〟に、リベラルの思想は浸透しました。

プロレタリアート革命には、「経済的な下部構造を変革する」という意味があります。そして、隠れマルクス主義者がターゲットと定め直した一般人による革命には、「社会からの疎外感を変革する」という意味があり、リベラルの思想が革命理論となります。

したがって、第二章で言及したように戦後日本のリベラルの基本は憲法九条におかれました。革命を鎮圧する軍隊を否定している条文だからです。リベラルは九条を持つ日本国憲法を平和憲法と呼びますが、この平和という言葉は、隠れマルクス主義者のさらなる隠れ蓑《みの》です。

自由、権利、人権、平等などといった言葉は、明治以前には「必要がない」ということを理由として、使われてきませんでした。それを、「日本にはそういった概念はなかった」「そういう概念でくれる現実はなかった」と勘違いし、日本にはその思想がないと錯覚しました。

明治以降、そうした考え方が一般化したのは、東大をはじめとする主要大学組織が、西洋の知識を導入することが高級であるとする西洋コンプレックスのままにあるからです。文明開化の現実はそこにあり、戦後の日本が、「批判理論」通りの展開となっているのもまた、そこに理由があります。

「フランス革命」は失敗だった⁉

一方、現在一般化している、いわゆる自由という言葉そのもの、それにまつわる、人権をはじめとする諸要素についても再検討する必要があります。疎外を種に「批判理論」を武器として社会主義革命を目指すリベラルは、自由という言葉を革命の目的として利用しているに過ぎません。

例えば、「フランス革命は近代化の象徴である」とよく言われています。フランス革命は、「自由」「平等」「博愛」をテーマとして掲げました。そしてそれらのテーマは実現したというのです。果たして、この歴史観は正しいのでしょうか。

フランス革命の自由は、基本的にはキリスト教からの自由でした。革命政府はキリスト教を弾圧し、教会や修道院を破壊しました。

しかし、フランスには今もキリスト教は厳然と残っていますし、人々の信仰は続いています。ローマ法王を仰ぎ、パリにはノートルダム寺院があり、教会に行く人が減ったとはいえフランスのキリスト教は何も変わっていません。

確かに、フランス革命でクリュニー修道院やサント＝ジュヌヴィエーヴ修道院が破壊されたことはよく知られていますし、多数の教会が攻撃されたことは確かですが、破壊の対象となった宗教施設のほとんどが引っ越して存続した事実は、あまり知られていません。ある意味、フランス革命は失敗だったのです。

マルクス史観に牛耳られた20世紀の歴史観によれば、フランス革命によってキリスト教は、自由の名のもとに否定されたかのごとく語られます。しかし、フランス人が実際に生活するうえではキリスト教の習慣は維持されています。生まれたら洗礼名を与えられます。キリスト教会には行かないという選択肢はあっても、クリスチャンネームは相変わらずつけられます。キリスト教の伝統は、いまだに存続しているのです。

「資本主義」をつくったのは誰か

リベラルは事実を無視して、「フランス革命の成功によって伝統は否定され、自由は実現した」と考えます。しかし、その実際を見れば、「フランス革命は何も起こらなかったのと同じ」ということがわかります。

フランス革命が行ったのは、国王ルイ16世をギロチンにかけたということだけです。もちろん、それはそれで大きな出来事ですが、国王を殺したのは、結局はユダヤ人の解放のためだったと言えます。革命政府は、国王の処刑後、ただちに、ユダヤ人の権利つまり主張を全面的に認める令を出しています。

ユダヤ人は、国王権限のもとでゲットー（居住区）に住まわされ、出入りは制限され、旅行もできず、あらゆる権利がない状態にありました。一方では、ユダヤ一族のロスいました。

チャイルド家が18世紀、ドイツの国家財政を握るなど、非常に大きな力を持ち始めていました。

第一章で触れたように、ユダヤ人はヨーロッパの金融を支配していました。17世紀から顕著になるそのいきさつについては、フランソワ・ミッテラン政権の大統領補佐官も務めた経済学者ジャック・アタリ（1943年〜）が2015年刊（日本語版）の著書『ユダヤ人、世界と貨幣――一神教と経済の4000年史』（作品社）の中で明らかにしています。

また、それに先立って、ドイツの経済学者ヴェルナー・ゾンバルト（1863〜1941年）が、「資本主義をつくったのはドイツのプロテスタントである」というマックス・ヴェーバーの論調に反論するかたちで、「資本主義をつくったのはユダヤ人である」と明言しました。

特に、ユダヤ人であるアタリが言及していることに注目すべきです。20世紀中、ユダヤ勢力に関する歴史的分析は、彼らがマスコミや学会を牛耳っているためにひた隠しにされました。したがって、ユダヤに関する客観情報が日本で手に入ることはあまりなく、ユダヤに関する話題はもっぱら陰謀論として揶揄されてきたのです。

日本人は、ユダヤが果たしてきた歴史的役割について、しっかりと認識する必要があります。

画商とは「金を出して文化を支配する」事業

ほとんどの日本人はユダヤ人に対して好意的です。偏見も持っていません。私も同様です。しかし、西欧では違います。ユダヤ人であるということは、一部の人を除いて明らかに否定的に見られてきました。西欧人は、そういった「ユダヤ人とキリスト教徒の争い」の中で生きてきたのです。

ユダヤ勢力が西欧社会に総攻撃をかけるきっかけとなったのが「フランス革命」でした。そして、周辺諸国が革命余波を危惧したことから勃発した「フランス革命戦争」では、革命政府軍が各国各地のゲットーを解放していったのです。

ドイツで銀行を興したロスチャイルド家の盟主マイアーは、5人の息子をフランクフルト、ウィーン、ロンドン、ナポリ、パリに送り、事業を展開させます。この頃から明らかに、ユダヤ勢力は（基本的には金融事業によって）世界をユダヤに有利となるように変えようとする運動を開始しました。これらのことは、現在、ユダヤ側も明らかにしてきている事実です。

フランス革命は、一方ではユダヤ人にとっての革命でした。続く19世紀はまさにユダヤの世紀で、ユダヤ勢力は完全に西欧各国に入り込みました。イギリスは、ベンジャミン・ディズレーリ（1804～81年）というユダヤ系の首相まで輩出します。

ユダヤ勢力は思想あるいは文化もほとんど掌握しました。画商という事業もそのひとつで、「美術に対して金を出して支配する」ということでした。同様に、出版メディアを支援して、言論もまた掌握したのです。

巧妙に隠されてしまったキリスト教文化

特に、いちばん重要なのは「大学」です。リベラルが采配する大学の教育を受けることによって、自由、平和、平等などといった言葉がふりまかれていきました。私は学問の世界で生きてきましたから、19世紀以降の学問は、ユダヤ思想で成立したのだということがよく理解できます。

たとえば、西洋美術を語る際には、ルネッサンスやバロック、ゴシックといった区分用語を使います。むろんそれは「様式」を重視した言葉です。しかしこれは、すべてユダヤ的発想によるものです。「ヨーロッパの文化は本来キリスト教文化である」

ということを否定するために利用される用語です。

ドイツの美術史家エルヴィン・パノフスキー（1892〜1968年）は、「ギリシャ・ローマの再生がルネッサンスである」ことを強調しました。パノフスキーはユダヤ人です。さらに、アンリ・フォシヨン（1881〜1943年）という有名なフランスの中世美術史家は、明らかに「キリスト教美術」であるものに対して、「宗教美術」という言い方をしました。「キリスト教」という名称を取り去っています（私は非キリスト教徒ですから、彼らの影響を受けて若いときに研究しました。その点では恩恵を受けてきました）。

ルネッサンスやバロック、ゴシックなどの西洋美術は、その98％はキリスト教の主題で創作されています。だから、ギリシャ・ローマの復活を意味する「ルネッサンス美術」というのもおかしい呼称です。

その代表であるフィレンツェ・サンタ・マリア・デル・フィオーレ大聖堂など、「サンタ・マリア」とついているのですから、キリスト教建築であることは明白です。「ビザンティン（東ローマ帝国）美術」などというのも明らかにおかしい呼称でしょう。

本来、キリスト教の信仰なくしては理解できないものです。

このようなキリスト教の存在を消すという操作が、ユダヤ思想によって行われていると言っていいでしょう。ユダヤ勢力の歴史的関わりに言及することについては、「陰謀説」や「歴史修正主義」など様々な言い方で批判装置がつくられており、「西欧はキリスト教が基本である」ということが巧妙に後退させられているのです。

リベラルに張り付いている「ロシア革命」の虚構

フランス革命には、「ユダヤ人の解放」という目的が潜在的にありました。しかし、その目的は隠され、表に掲げられた自由・平等・博愛のテーマに扇動され、革命には多くの人々が参加しました。

扇動されたという問題はやはり大きく、そこには必ず嘘があります。だから当然、「国王のままでよかったのではないか」「キリスト教でいいではないか」ということが出てきます。したがって、いまだにフランスには国王派が存在しますし、キリスト教の信仰も変わりません。

王制を破壊したと思ったら、コルシカ島の一介の兵士に過ぎなかったナポレオン・ボナパルト（1769～1821年）が皇帝にかけのぼるわけです。王朝が使っていた宮殿のひとつをそのまま使いました。ナポレオンはあきらかに、国王の替わりです。

ナポレオンがあたかも、フランス革命が革命の理念のもとに生んだ英雄のように評価される場合がありますが、それは間違いです。ナポレオンの登場は、「国王は必要であり、統治者は必要である」ということの証なのです。だから、ナポレオンという一介の軍人がその役目を担うことのほうがおかしいのです。

フランスではそれ以降、シャルル＝ルイ・フィリップ、ナポレオン三世などといった復古現象を経過しながら、１８７０年に第三共和政をたててやや落ち着くまで、約80年の期間、混乱が続きました。ルイ16世をギロチンにかけたにもかかわらず、国王の替わりを求める動きが止むことはありませんでした。そして共和政が出てきましたが、それは同時にユダヤ勢力の勝利があったわけです。「ドレフュス事件」（ユダヤ人のアレフレド・ドレフュスがスパイの嫌疑をかけられたが、社会主義者で作家のエミール・ゾラなどの支援で釈放された）の勝利はその象徴でした。

これを契機に始まるのが「ロシア革命」です。マルクスとエンゲルスによる『共産党宣言』は、１８４８年に発表されました。

『共産党宣言』は、フランス革命を下敷きにしています。フランス革命をブルジョア階級の勝利とみて、「市民革命が成功したから次には資本主義が成熟し、必然的に資本主義の矛盾が生まれ、資本家の下でのプロレタリアートの苦しみが克服されるべくプロレタリアート革命が起こる」と、『共産党宣言』で理論化しました。その現実的な実験がロシア革命だったというわけです。

ところが当時のロシアは、西欧の中でもひときわ資本主義が遅れていた国家です。「階級闘争」と言ったところで、一部都市を除くと農民と領主しかいませんでした。『共産党宣言』の理論に沿うような状況ではなかったのです。

そこで、ロシア革命を主導していたレーニンが何をしたかというと、戦争、つまり第一次世界大戦勃発の工作だった——。「戦争を起こし、軍隊が疲弊《ひへい》したときに革命を実行すればよい」という計画をたてたわけです。

それをユダヤの資本家たちが協力しました。「日露戦争」で日本の国債を購入し助けたジェイコブ・シフなどユダヤの資本家たちが後援したのです。彼は、「ポグロム」（ユダヤ人虐殺）を起こしたロマノフ王朝を憎んでいました。

レーニンたちの（考えようによっては）非常に伝統的な革命計画はまんまと成功しました。ロシア革命とは、ただそれだけのことであって、そこに、マルクスの言った「必然的な資本主義の趨勢《すうせい》」があったわけではありません。

ロシア革命が共産主義革命であるというのは虚構です。そのあたりのことは、イギリス人作家ヒレア・ベロック（1870〜1953年）の『ユダヤ人』（1922年）によく書かれています。

リベラルの思想は、「社会主義革命の虚構」と強く結びついているものであることを無視してはなりません。

II　世界が注目する、日本の思想

「神道」の凄味

日本には神社・仏閣があり、「神仏習合」というかたちの〝伝統宗教〟が生きています。これもあくまで「神道」を基盤にしています。その基本は日本の信仰形態として、現在もまったく変わっておらず、天皇もまたそれにしたがっておられます。文化と伝統はしっかりと残っているのです。そしてこれは、世界各国、どの国も同じです。

文化と伝統を否定して破壊する思想を、常につくっていこうとするのがマルクス主義であるということはすでに幾度か触れました。リベラルという思想が隠れマルクス主義であることも述べました。

マルクス自身がユダヤ人であることは忘れてはいけないことでしょう。マルクス主義者は、常に外からものを見ようとします。そのこと自体には意味もありますが、彼らの社会を見る目には、基本的にユダヤ特有の、「キリスト教社会に対する悪意」があります。「宗教は阿片《あへん》である」というのもそれです。

悪意があればそこには必ず否定があり、「批判理論」はまさにこの文脈の中で構築された理論です。その理論でなされた分析は、客観化したと言いながら、否定のイデオロギーからはずれるものではありません。

そして、その悪意と否定は、本来、キリスト教社会に対してのものです。したがって、リベラル、リベラリズムは、私たち日本人には当然、肯定できない思想をどんどん生み出します。

それに対抗する思想として、今、私が注目しているのは、前章でも触れた「世界文化遺産」の運動です。各国の世界文化遺産運動に対する正しい評価、その歴史的考察による価値の理論化が、今後の保守思想の新しい基本になるべきだと思います。

リベラルに対抗できる強国・日本

今、日本の役割は非常に重要です。リベラルに対して日本が反撃しなければ、世界の正常化はおそらく実現しないでしょう。

ユダヤ思想に最も侵されていない国のひとつが日本です。キリスト教徒の数が人口比1％以下という確固たるメルクマール（指標）があります。

しかし、それにもかかわらず、日本には、「批判理論」にまんまとひっかかり、その虚構と幻想にどっぷりとつかったリベラルが存在しています。少々前の出版物になりますが、今も状況は変わっていませんから取り上げたいと思います。

平成23年（2011）に、週刊朝日の増刊として、『朝日ジャーナル　知の逆襲第2弾「日本破壊計画」』という雑誌形態の書籍（ムック）が出版されました。日本最大の新聞社のひとつ朝日新聞社（子会社の「朝日新聞出版」）が出したものです。

タイトルが「日本破壊計画」で、これぞまさにリベラルの思想と言っていいでしょう。リベラルが、破壊をすることこそが大事だと考えていることを明確に示しています。

副題は「未来の扉を開くために」としてあります。「未来の扉を開くために日本を破壊する」という言葉がでてきます。これが戦後の日本の左翼の、今現在の到達点と言っていいでしょう。

「日本破壊計画」に参加したある意味では犯罪人ですから、一人ひとりがふだんどのような著述をしているか知りませんが、その執筆者の名を挙げることには意味があるでしょう。

執筆陣には、辺見庸、加藤典洋、浜矩子、赤瀬川原平、飯田哲也、濱野智史、高原基彰、広井良典、鈴木謙介、斎藤貴男、神永正博、室謙二、高野孟、荻上チキ、佐々木俊尚、内田樹、川本三郎、中森明夫、宇野常寛、岩崎夏海、大友啓史、川村元気、冲方丁、白倉伸一郎、藤村龍至、梅沢和木、藤田知也、西岡研介、山口二郎、原口一博、中村哲治、川内博史、神保哲生、金子勝、藤原帰一、坂口恭平、吉岡忍、池田香代子、湯浅誠、鈴木宗男、新藤宗幸、金平茂紀、朝井リョウ、木村三浩、中條寿子、福田衣里子、松田公太、尾形真理子、中村安希、金慶珠などの名があり、これらの人は皆、この雑誌の主旨である「日本の破壊に賛同している」と思われても仕方がないでしょう。

「日本の破壊」ということを正しいことのように考え、平気でこうした企画にエッセイを寄せること自体がまったくおかしいことだと私は思います。この鈍感さ自体が、「リベラル思想下にある人は正常ではない」ということを明らかにしてもいます。

これを「新時代の文化」と呼ぶのであれば、自分たちが批判の対象となるということで、文化こそが破壊の対象だという「批判理論」の正当性を逆説的に証明してしまっています。つまり、リベラルとしての精神を吐露しているとも言えるのですが、これほど子供じみたことがあるでしょうか。

リベラルにとっては、伝統と文化を破壊するということが、あたかも革命のように見えているのです。それをもって、自己満足しているだけです。

西欧人の「原罪意識」と日本人の「自然道」

日本人はユダヤ教やキリスト教のような一神教ではありませんから、「原罪意識」がありません。「人は誰しも生まれながらに罪を背負っている」という考え方は、日本人にはありません。

西欧は、その宗教から人間はもともと罪人であるという考え方を持とうとしていますし、実際に持っているのです。だから、簡単に罪の道に陥りやすいと言うこともできます。

唯一絶対神が「果実を食べてはいけない」というのに、先にエバが食べてアダムをそそのかします。それで人間は原罪を負ったことになっています。つまり、「神との約束を守らなかった」ということです。そこで、楽園を追放されて人間が生まれました。

西欧では、人間社会は最初から罪にあふれた場所であることになっているのです。原罪のエピソードをよく見てみると、エバからアダムに果実を渡したということは、女性がセックスに誘ったということを意味します。その時点で、「男と女という性を意識してしまったところにこそ罪がある」という考え方が原罪の本質なのです。

この考え方は、日本人には絶対に受け入れられません。なぜかと言えば、日本人の根本の思想は、自然そのものに従おうとする「自然道」だからです。日本人は、自然の道に沿って生きていきます。

「自然は厳しく、かつ厳しい自然にはきちんと節理がある」と信じているのが日本人の考え方で、だからこそ、自然は自然そのままでいいのだと肯定しているのです。したがって、セックスを否定することはなく、本来は皆が裸であってもいいのだと考えます。江戸時代まで歴然と存在した「男女混浴」の習慣はそのいい例かもしれません。

男と女とどちらが悪いか――などという発想もありません。健全な自然道があるからこそ、言葉で人工的に作成された原罪観というものは受け入れないのです。「唯一絶対神」などというものはなく、「自然そのもの、自然の驚異や珍しさ、自然の不可解さすべてが神である」と日本人は考えてきました。

「おてんとうさま」と「お月さま」がそこにあるという道徳

日本人は、ずっと自然道で生きてきました。基本的には現在でも同じです。

宇宙についてのことなどは、わからないことばかりです。日本人にとっては、「そのわからなさが神であり、神だからこそわからない」と考えます。その神を畏怖するのです。

西洋人は、それを解明できるものだと思い込みます。神がつくったものだから言葉で説明し尽くせるものだと思います。しかし、人間が解明などできるわけがありません。たとえ仮説をたてても宇宙の果てに行くこともできませんし、証明はできません。人間の行えることはすべて仮説のみですからあたりまえです。

日本人は最初からそんなことは考えません。古来、日本に宇宙図がほとんどないのはそれが理由です。ギリシャにもローマにも必ず星座図があり、西洋人はそれで宇宙を一生懸命に理解しようとしてきました。現在では立体望遠鏡で観察しています。しかし、その宇宙の原理に到達することはできません。

日本人は、そんなことはわかるはずがないと考えていますから、無駄なことは行いません。規則的に出てくる「おてんとうさま」と「お月さま」が、そこにあるだけです。それが日本人にとっての〝神〟です。

これは、西洋の思想、ユダヤの思想と完全に対決する思想です。こうした態度を軸にして日本人の共通理解ができています。そして、社会においては人それぞれの「役割分担」で生きていこうとします。

地球は何十年、何百年単位で、暖かくなったり寒くなったりしますが、自然そのものは変わりません。日本人には、「〝温暖化〟が人間のせいで起こる、などと考えるのはおこがましいことだ」という思いがあります。改善できることは、都市の「スモッグ化」ぐらいです。縄文時代から自然は何も変わっていないのです。

そして、何よりもこのことを、「道理」と言うのです。〝自然道の道徳〟が、日本人の道徳です。

日本の思想は、西洋の思想とは全く異なる基軸の上に立っています。その違いを遅れととり、西洋の思想をただひたすら正しいと思い込むのは間違っています。

日本に「個人主義」はありえない

人は、絶対にひとり（個人）ではありえません。誰しも母親から生まれており、それでもう2人です。ということは、確実に父親がいます。3人です。兄弟・姉妹がいます。もう4、5人です。つまりこれは「共同体」です。

「自分」というものは、共同体に規定される存在です。共同体を否定することなどできません。いくら言葉で否定して、《おひとりさま》などと言ってみたところで、何を言っているのか、何の話だ、ということになります。「あなたは母親から生まれてきたではないか。母親が恋しいだろう」と尋ねれば、個人主義などそこからもう嘘が始まっていることが明らかになります。

個人主義は日本ではもともとありえないのです。むろん「個人」は存在します。そのために日本は仏教を導入しました（仏教は個人救済の宗教です）。皆それぞれ別個の存在です。しかし、「個人は自然とともにある」という自覚、「他者との関係の中に生かされている」という認識は、「孤独」を無効にします。

「人間」は「人」＋「間」であり、つまりそれは〝家族〟なのです。日本国は〝国家〟

です。前述のとおり、日本語の「国家」には「家」がついています。国は家族の上に立つ〝家〟なのです。ステート（統治機構）やネーション（政治共同体）ではありません。ステートやネーションは、すべて人工の共同体国家を指します。しかし、本来は絶対に日本と同じ概念から始まったと私は思います。しかしその国家もいろいろな他民族が入ってきたために壊され、人工的に再編成する必要がでてきたのです。彼ら他民族を懸命に同化させようとします。しかし、日本以外は十分に成功していません。

世界の国々の原型が日本に残っているのだと私は思います。これは素晴らしいことです。それを皆、西欧が優れていると思ったり、中国がいいと言ったりします。なぜかと言えば、それらの国々は人工国家であるために、虚構をつくりだすための言葉や思想が豊富に用意されているからです。

誇りを持って自らの文化に生きる幸せ

２０１６年にローマで、7世紀から13世紀までの「日本仏像展」が開かれました。最高のものは出展されなかったものの、美術好きの多くのイタリア人を感銘させました。そこに、中国や朝鮮の仏像と異なった日本人の仏像があったからです。彼らは次の展覧会を期待するほど、関心を寄せています。仏像を見て、日本人のアイデンティティの在りかを見たのです。仏像の中に、日本人の「ほとけ」の姿を見たのです。「ほとけ」とは、仏《ほとけ》の形のことです。

私たちも先祖返りをして自らの出所をしっかりと認識しなくてはいけない時代になったのだと、私は考えています。20世紀は終わり、〝否定の時代〟は終わり、21世紀は伝統文化の〝肯定の時代〟です。

これからすべきことは、明らかに、過去の文化の再認識と再評価と再発見です。これによって未来が生まれます。そして、これらは、否定のみの方法論で構築されたマルクス主義思想の否定につながります。

世界文化遺産が観光の中心となっているということを正しく見て、考えていく必要があります。文化遺産ということをいかに考えるか、いかに評価するか、いかに研究するかが重要になってきています。

はっきり言えば、新しい文化をつくる必要はありません。それはおのずとできるものだからです。

リベラル思想によって文化の破壊が進んでしまった現在は、過去の、文化を生き生きとつくりあげた人々を再認識・再評価することのほうがはるかに生産的です。現在にとって建設的なものを「過去」に見ればいいのです。それが、世界文化遺産運動の思想の核心だと私は思います。

２００５年、ユネスコは「文化多様性条約」を採択しました。各国が固有の文化を保護育成する政策をとることを認める条約です。賛成が１４８か国で、アメリカとイスラエルのみが反対しました。

イスラエルの反対は、グローバリゼーションを世界に仕掛けていたのはユダヤ人だったという証拠です。ところが、各国の文化を認めず、ナショナリズムを認めなかったアメリカとイスラエル知識人の思想が、序章で触れたように変わり始めています。トランプの娘イヴァンカの夫であるジャレッド・クシュナーがユダヤ人でありユダヤ教徒であることはよく知られています。彼は中東問題の専門家で、イスラエルの専門家です。

彼らは、イスラエル中心主義を主張しています。つまり、「シオニズム」というナショナリズムです。ユダヤ勢力は今、グローバリゼーションをやめ、ナショナリズムに転換しようとしています。したがって、その固有な文化を守ってきた日本という国が世界でますます重要になってきているのです。

「日本の思想とは何か」「今後の世界に必要なのは、日本の思想の再評価ではないか」ということが議論され始めました。各国のナショナリストの先進国として、それが評価されるようになってきたのです。

これまでリベラルによってかきまわされてきた、それぞれの国家、それぞれの民族の伝統的な文化の重要性は、私たち日本人がまず自らの文化を取り戻すことによって良き例を示すことができるのです。その意思を持ったときに、はじめて日本の文化遺産というものが生きてきます。

それぞれの国家の人々、それぞれの民族が、誇りをもって自らの文化を主張することがいちばんの国際親善になるのです。

「リベラル」「リベラリズム」の呪縛を解いて、日本は今、それをリードすべき立場にあります。

あとがき ―― 小難しい書物を捨てよ

アメリカでトランプ大統領が政権をとってから、世界は非常に面白くなってきたと言えます。これまでの20世紀のある種のイデオロギー、つまりこの本で書いた「リベラル」「リベラリズム」が消えていくきっかけとなっているからです。それがはっきりと政治の世界で出てきたのです。

それはまた、本書の冒頭でも述べましたが、リベラル・イデオロギーというものが、グローバリゼーションに関わり、移民問題に関わり、またオバマ・ケアといった保険制度と関わり、つまりこれまでの政権の政治に深く関わっていたことがわかったからです。

要するに、左翼がほとんど社会主義的な方向を喪失して、リベラルだけが残っていたわけです。けれども、今やそのリベラルもまた動揺し、「バラ色に見せていた未来も霧の中に隠れ、幻想に過ぎなかった」ということがわかってきたのです。

今、彼らリベラル勢力はトランプ大統領批判を懸命にしていますが、それも非常に底の浅い状況になっています。「言論を支配していた」と思っていたにもかかわらず、本当は少数派であることが、如実にわかってきました。

しかしまだ、それ以外の言論の権威を握っており、既成のマスコミ、既成の出版界に影響力を残している感があって、決して楽観視してはいられません。

現在、日本で本をよく読む層は、だいたい100万人ほどだと、言われています。つまり、「人口の1%もいない」ということです。大学で学んでも、本を読む習慣を続けている人は、多くはないのです。実業につくと、ハウツウものを除くと、本を読む意欲がわかなくなるらしいのです。

この本の出版社名がKKベストセラーズからだというわけではありませんが、たとえベストセラーであっても、100万部に届くものは稀で、その大部分は読み捨て本ばかりです。

いったいなぜこんなことになってしまったのでしょう。高校、大学を出た人々は、いちおうどんな本でも読みこなす知識を持っているはずです。ですから、少なくとも国民の4分の1の3000万人は本を読んでいいはずなのです。

それが100万人程度に限られているのは、本の内容そのものに問題があると考えられます。つまり、現実と乖離している――、文字で抽象化された世界となっているからでしょう。現実に生活する人々に共感を持たさない、スムーズに読めない状態をつくっているのです。

かつて日本で『万葉集』が詠《よ》まれたころ、もし印刷と紙が発達していたら、国民の4分の3くらいの人々がこれを、ひもといていただろうとさえ考えられます。この歌集には、ほとんどの職業、役割の人たちの歌が集められているからです。

江戸時代の日本人の識字率が高いことは有名ですが、その活字好きの国でこれだけ本が読まれなくなった原因は、一般大衆、つまり人民のために、労働者のためにつくられたはずの〝思想〟が、難解きわまりない〝論理〟となってしまっているからだと思われます。

西洋では、「労働者解放」のための、マルクス主義の本が、もっとも難解な書物となっています。インテリのためだけの書物として出版され、一般大衆は読めない。共産主義、社会主義の本がいわゆる左翼インテリだけのものになってしまったのです。この、一般大衆と本との乖離現象は日本では明治以降（19世紀後半以降）、その状況が始まっています。

「自然も社会も、調和しながら進展していく」という誰でもわかる〝自然道〟の理念から見る社会ではなく、「常に、矛盾し、ぶつかり、闘争していく」社会という無理な人工的な思想に置き換わってしまったことが原因です。

特に日本人にとっては、「近代」西洋思想は、まずはキリスト教、西洋的哲学における理性、そしてマルクス主義であると解説されてきましたから、思想・哲学の本は日本人にとって難しいものに映りました。西洋語から翻訳された本は、大学で学ぶ者だけのものとならざるをえませんでした。

江戸時代には多くの庶民の読み物であった出版物が、少数のインテリだけのものになってしまったのです。現代ではそれが、リベラル系の本として出版され、やはり、大学出身者の左派の人々だけが読んでいます。

アメリカでは、トランプ大統領がそうした少数派インテリの批判に動ぜず、本当の社会の現実を知っている者たちに語り始めたと言っていいでしょう。たとえそれが、一見、粗野に見え、ナショナリストとして攻撃されても、大多数の国民にはわかりやすいのです。それを「ポピュリズム」と呼んで、リベラル勢は軽蔑しようとしていますが、攻撃する彼らこそ、今は少数派インテリというただの〝反対〟勢力になっていることを知らないのです。

本書の中でも触れましたが、安倍首相は平成28年（2016）のG7を伊勢志摩で行いました。新聞は、志摩半島の海辺で並ぶ、首脳たちの姿ばかりを紙面に出していましたが、実を言うと「伊勢の神宮」の前でも各国首脳たちが並んで写真を撮っていたのです。

その写真が非常に重要です。キリスト教国の首脳を、伊勢の神宮の前に並ばせただけでも、日本人に自信を持たせ、日本の存在を明らかにする外交に映りました。それこそ、日本人の誰もがやって欲しいと思っていたことなのです。

日本人のキリスト教徒は全人口の1％にすぎないと強調してきました。他の99％は、無自覚、自覚は問わず、神仏習合というかたちの「神道」の徒と言っていいからです。日本の仏教徒は、基礎に神道があることは私の著書でも繰り返し述べています。トランプ大統領の安倍首相への敬愛の姿は、そうした態度を抜きには考えられないでしょう。安倍首相が、プーチン大統領の訪日が遅れたとき、ひそかに先祖の墓参りをしていたことも、その現れです。

今や、世界の人々が〝本音の思想〟を語るべき時代がやってきたようです。リベラルのわけのわからぬ文章、大学や論壇の少数グループの業界用語の話はやめて、多数派の言葉を再発見すべきです。皆がわかりやすい、現実に裏打ちされた言論世界を取り戻すべきです。

本書はその少数派をあえて批判する本なので、いわゆるインテリ向きの本かもしれません。しかしその真意は、多数派の人々の考えていることの代弁をして書いたつもりです。

私は愛国者であり、ナショナリストです。ですが、リベラリストやグローバリストが批判するような愛国者やナショナリストではありません。人間のアイデンティティに依拠する各国の愛国者、ナショナリストと共存し、その国その地域の「文化の価値」をお互いに認め合う――、そういう意味での、愛国者、ナショナリストなのです。そうした立場からしか、文化は〝創造〟できません。

＊

この本を出すにあたって、ＫＫベストセラーズの武江浩企氏、インターソースの尾崎克之氏にご協力を頂きました。厚くお礼を申し上げます。

平成二九年弥生

田中英道

◎**著者略歴**

田中英道（たなか・ひでみち）

昭和17年（1942）東京生まれ。文学博士。東北大学名誉教授。ボローニャ大学客員教授。東京大学文学部仏文科、美術史学科卒。ストラスブール大学に留学しドクトラ（博士号）取得。フランス、イタリア美術史研究の第一人者として活躍する一方、日本美術の世界的価値に着目し、精力的な研究を展開している。また日本独自の文化・歴史の重要性を提唱し、日本国史学会の代表を務める。

著書に、『日本美術全史』『レオナルド・ダ・ヴィンチ』（共に講談社）、『新しい日本の歴史』『日本の戦争　何が真実なのか』（共に育鵬社）、『イタリア美術史』（岩崎美術社）、『天平に華咲く「古典文化」』（ミネルヴァ書房）、『鎌倉文化の思想と芸術―武士・宗教・文学・美術』（勉誠出版）他多数。

日本人《にほんじん》にリベラリズムは必要《ひつよう》ない。

「リベラル」という破壊思想《はかいしそう》

2017年5月5日　初版第1刷発行

著　者　田中英道《たなかひでみち》

発行者　栗原武夫

発行所　KKベストセラーズ

〒170-8457

東京都豊島区南大塚2-29-7

電話 03-5976-9121

http://www.kk-bestsellers.com/

印刷所　錦明印刷株式会社

製本所　株式会社積信堂

D T P　株式会社三協美術

装　幀　神長文夫+柏田幸子

編集協力　尾崎克之（歴史観測）

定価はカバーに表示してあります。

乱丁、落丁本がございましたら、お取り替えいたします。

ISBN 978-4-584-13796-3　C0030